LA PERCEPTION

Essai sur le sensible

DU MÊME AUTEUR

Autrui, Paris, Quintette, 1989.

De l'être du phénomène. Sur l'ontologie de Merleau-Ponty, Grenoble, Millon, 1991, 2001.

La Perception. Essai sur le sensible, Paris, Hatier, 1994 ; deuxième édition, Paris, Vrin, 2008.

Merleau-Ponty, Paris, Ellipses, 1997.

Le Tournant de l'expérience. Recherches sur la philosophie de Merleau-Ponty, Paris, Vrin, 1998, 2009.

Le Désir et la distance. Introduction à une phénoménologie de la perception, Paris, Vrin, 1999, 2006.

Vie et Intentionnalité. Recherches phénoménologiques, Paris, Vrin, 2003.

Introduction à la philosophie de Husserl, Chatou, La Transparence, 2004, 2008 ; nouvelle édition, Paris, Vrin, 2015.

Le Mouvement de l'existence. Études sur la phénoménologie de Jan Patočka, Chatou, La Transparence, 2007.

Introduction à une phénoménologie de la vie, Paris, Vrin, 2008.

L'ouverture du monde. Lecture de Jan Patočka, Chatou, La Transparence, 2011.

La vie lacunaire, Paris, Vrin, 2011.

Investigações fenomenológicas Em direção a uma fenomenologia da vida, Curitiba, UFPR, 2011.

Dynamique de la manifestation, Paris, Vrin, 2013.

Métaphysique du sentiment, Paris, Cerf, 2016.

MOMENTS PHILOSOPHIQUES

Renaud BARBARAS

LA PERCEPTION
Essai sur le sensible

Deuxième édition corrigée

PARIS

LIBRAIRIE PHILOSOPHIQUE J. VRIN

6, Place de la Sorbonne, V ͤ

2016

© Hatier, 1994 pour la première édition

© *Librairie Philosophique J. VRIN,* 2009, 2016

ISSN 1968-1178

ISBN 978-2-7116-2163-7

www.vrin.fr

PRÉFACE

Écrit en 1994[1], ce petit livre est né d'une commande dont il m'appartenait de choisir l'objet. Dans le sillage du livre sur l'ontologie de Merleau-Ponty issu de ma thèse[2], il m'a paru naturel de le consacrer à la question de la perception. Il s'agissait d'abord de mettre en évidence l'originalité de la position husserlienne vis-à-vis de la tradition, au point que l'on peut dire en toute rigueur que c'est avec Husserl, à travers l'*Abschattungslehre*, que le champ de la perception comme telle, en sa différence avec la sensation et l'intellection, se trouve pour la première

---

1. Le but de la collection « Optiques », chez Hatier, aujourd'hui disparue, était de rendre accessible à un public relativement large une réflexion philosophique synthétique sur une question fondamentale. C'est dans cet esprit que je l'ai écrit et c'est ainsi que je souhaite le publier à nouveau. Ce premier travail sur la perception a donné lieu à des développements dont j'ai fait état dans d'autres ouvrages mais j'ai eu le sentiment, en le relisant, que la direction générale de ma réflexion y était déjà assez clairement affirmée. Je me suis donc contenté de faire les modifications de forme qui s'imposaient, d'expliciter quelques passages un peu trop rapides et de combler les lacunes d'une bibliographie qui demeure introductive.

2. *De l'être du phénomène Sur l'ontologie de Merleau-Ponty*, Grenoble, J. Millon, 1991.

fois circonscrit. Cette théorie phénoménologique de la perception se distingue par au moins deux traits, qui lui confèrent son absolue singularité par rapport à d'autres modes de rapport à l'objet. Tout d'abord, dans la typologie des actes, la perception est définie comme une certaine intuition, celle qui donne l'objet en personne, en chair et en os (*Leibhaft*). Cela revient à délier la définition de la perception de toute référence à la sensibilité. Est perçu tout ce qui est donné en chair et en os même si, bien entendu, la sensibilité joue un rôle primordial dans cette instauration de la présence dont la perception est l'épreuve, de sorte que l'on pourra parler de perception, au sens élargi, de la catégorie ou de l'essence. D'autre part, et ceci est capital, Husserl disjoint cette donation *leibhaft* d'une donation adéquate, la présence perçue de la possession exhaustive. Telle est la leçon de la théorie de la donation par esquisses : dire d'une chose qu'elle est perçue, c'est dire qu'elle n'est pas tout entière présente sous le regard, possédée en transparence. Au contraire, le propre du perçu est qu'il s'absente de ce qui le présente, que les esquisses sensibles, qui sont accès à la chose même ou encore la chose même d'un certain point de vue et non pas des images ou des signes, sont en même temps des esquives. La chose comme telle, en sa plénitude, se dérobe sans cesse sous le regard et on ne peut donc même pas dire que la multiplication des esquisses m'en rapproche puisque, en sa profondeur constitutive, elle demeure inépuisable et donc toujours aussi loin. En vérité, ce n'est là qu'une manière rigoureuse de prendre acte de l'être même de la chose en tant que, tout simplement, elle n'est pas moi; dire qu'elle me transcende, c'est reconnaître qu'elle ne saurait être pleinement possédée et que, par conséquent, elle déchire ou excède les aspects sous lesquels elle se donne. C'est en ce sens que, comme le dit Husserl, Dieu lui-même percevrait par esquisses.

Il me semble pouvoir affirmer que tout ce que j'ai écrit depuis cet ouvrage sur la perception a consisté à tenter de penser aussi rigoureusement que possible cette théorie des esquisses et d'en prendre toute la mesure, bref de faire une véritable *philosophie* de la perception. Comme je le montre déjà dans ce court ouvrage, Husserl ne peut conduire cette philosophie à son terme car la théorie des esquisses entre en conflit frontal avec le principe de l'absence de limites de la raison objective qui veut que position d'existence et donation adéquate se réciproquent nécessairement. Husserl tente de résoudre le problème par le recours à l'Idée au sens kantien – l'Idée d'une infinité motivée par essence, celle du cours des esquisses, n'est pas elle-même une infinité – mais cela revient à baptiser la difficulté plutôt qu'à la résoudre. Faire une philo-sophie de la perception signifie donc renoncer à l'idéal d'adéquation, s'interdire de projeter rétroactivement sur la perception, comme le fera Husserl, la possession intellectuelle de l'objet, bref de confondre perception et connaissance. Un telle exigence conduit naturellement à renoncer aussi aux catégories, issues de la tradition rationaliste, que Husserl met encore en œuvre.

C'est une telle philosophie de la perception que Merleau-Ponty met au premier plan de ses recherches, et ce à au moins deux niveaux. Il s'agit d'abord pour lui d'élaborer une véritable phénoménologie de la perception, qui échappe à la dualité husserlienne de la *hylè* et de la *morphè*. En effet, on montrerait sans peine que la composition de la perception que Husserl propose demeure en retrait par rapport à son intuition de la donation par esquisses. Merleau-Ponty comprend donc parfaitement qu'il est nécessaire de penser une unité de la matière et de la forme plus profonde que leur dualité, ce qui revient à comprendre le sens comme ce qui affleure à même la matière sensible, comme cela vers quoi elle se dépasse nécessairement, de telle sorte qu'il n'est plus requis de le rapporter à un acte de donation (noèse). Ce sens perçu, immanent au sensible, ne peut être saisi, ou plutôt rejoint que par un corps : l'inscription du sens dans la matière sensible repose en dernière analyse sur l'incarnation de la conscience dans une chair. Merleau-Ponty leste la conscience avec la chair afin de faire redescendre le sens dans le sensible, de le situer au cœur du sensible : conscience perceptive et conscience incarnée deviennent synonymes. D'autre part, après la *Phénoménologie de la perception*, Merleau-Ponty est conduit à s'interroger sur le statut de l'idéalité et, plus généralement, de la raison en vue de montrer que ce qui a été découvert au niveau de la chose perçue n'a pas seulement un sens psychologique et donc une valeur anecdotique mais délivre le mode d'être d'être de tout ce qui est susceptible de se donner à nous, autrement dit que la phénoménologie de la perception possède une portée ontologique et donne bien lieu à une philosophie. Il s'agit de montrer notamment que la donation de l'idéalité n'est pas d'une autre nature que celle de la chose sensible, qu'elle relève encore d'une perception, ce qui exige de développer une phénoménologie de la parole, qui sera au centre des préoccupations de Merleau-Ponty dans la période qui suit la publication de sa thèse. Celle-là visera à établir que le sens verbal s'esquisse dans les mouvement d'articulation phonétiques et affleure en eux comme un certain écart ou un certain creux, exactement comme les choses perçues s'esquissent dans les aspects sensibles à la faveur des mouvements du corps qui le portent vers la chose. La découverte de la fonction diacritique du signe vient nourrir une phénoménologie de la parole, qui sera à l'idéalité ce que l'esquisse est à la chose, au point que, dans la dernière œuvre, le modèle linguistique envahira la description de la perception sensible elle-même. A la faveur de cette philosophie de la perception, généralisation de la phénoménologie de la perception, c'est bien la coupure entre fait et idéalité, ou encore nature et raison qui se voit relativisée, sinon purement et simplement effacée : « les Essences sont des *Etwas* du niveau de la parole, comme les choses sont des Essences du niveau de la Nature »[1].

---

1. *Le visible et l'invisible*, Paris, Gallimard, 1964, p. 273.

Cependant, si, en un premier temps, j'ai engagé mes pas dans la voie ouverte par Merleau-Ponty, j'ai été peu à peu conduit à prendre mes distances avec le philosophe français et à conférer à la philosophie de la perception un sens qui n'est plus celui que Merleau-Ponty lui attribuait. En effet, il m'est assez vite apparu que la philosophie de Merleau-Ponty – y compris dans *Le visible et l'invisible* qui, de ce point de vue, n'a pas tenu toutes ses promesses – est traversée par un décalage entre sa description du monde perçu, qui relève bien d'une radicalisation sans équivalent de la théorie des esquisses, et, d'autre part, la manière dont il pense le sujet et, plus généralement, la corrélation entre celui-ci et le monde. D'une part, il est incontestable que Merleau-Ponty forge une nouvelle conceptualité qui est au plus près de l'expérience perceptive parce que déliée de toute référence, même téléologique, à un horizon d'adéquation. La présence de la chose perçue ne fait pas alternative avec un certain retrait, sa visibilité implique une invisibilité constitutive. Entendons par là que la chose elle-même ne saurait être rejointe ailleurs ou autrement, que c'est la visibilité elle-même qui enveloppe donc une invisibilité, une sorte de point aveugle qui n'est autre que la conséquence du caractère situé de la perception et donc de l'impossibilité de surplomber le perçu. En d'autres termes, la distance constitutive de la chose n'est que le corrélat ou le reflet du caractère nécessairement incarné de celui qui s'y rapporte. Il faut noter que, en ce point, le concept de perception se dépasse ou s'annule lui-même. En effet, si percevoir c'est percevoir quelque chose, comme le dit Pradines, on n'a plus ici affaire à une perception pour autant que cela qui se dérobe en toute épreuve sensible, l'invisible du visible n'est autre que le *monde* lui-même. A la lumière de cet entrelacs entre visible et invisible, force est de reconnaître que la perception est cela qui nous fait glisser vers le monde, qu'elle ne porte donc plus sur des choses mais sur des «rayons», des «charnières» ou encore des «dimensions» du monde. C'est pourquoi Merleau-Ponty articulera en profondeur ma chair et celle du monde, cette articulation n'étant au fond qu'une autre manière de prendre acte de la profondeur constitutive et irréductible du visible. En effet, il y a communication, voire identité entre cela qui m'éloigne de la chose et sa profondeur propre; ma chair fait écho à la chair du monde. Plus précisément, ce n'est pas parce que je suis incarné que la chose demeure à distance, inaccessible – s'en tenir à cela, au *fait* de l'incarnation serait encore maintenir un horizon d'adéquation – mais c'est au contraire parce que la chose est inscrite dans la distance, insérée dans la chair du monde que j'en demeure séparé et ne peux la posséder. En ce sens, ma chair, autre nom de mon être situé ou de mon appartenance, est corrélative de la chair du monde, inscrite en elle. Quoi qu'il en soit, tout se joue désormais entre la chair et le monde, entre le voyant et le visible, dimensions d'une seule Chair qui se contiennent mutuellement, et non plus entre une conscience et des choses closes sur elles-mêmes. Nous en sommes là et il n'est sans doute pas possible d'aller au-delà. Si vraiment la chose perçue est inépuisable, alors il faut admettre que, dans les esquisses, ce n'est plus un objet délimité mais le monde lui-même qui se figure (en quoi elles sont dimensions ou rayons du monde), que les horizons intérieurs dérivent toujours vers les horizons extérieurs.

Cependant, d'autre part, la manière dont Merleau-Ponty thématise le sujet de la perception demeure très en retrait par rapport à sa description du monde phénoménal, au point d'apparaître comme purement et simplement inadéquate. On montrerait sans peine (je l'ai fait ailleurs) que Merleau-Ponty demeure prisonnier jusqu'au bout, en dépit de certaines déclarations, du vocabulaire et de la conceptualité des philosophies de la conscience, qui persiste dans la dernière œuvre sous la figure du *sentir*. La raison en est à mes yeux que, dans le sillage de la *Phénoménologie de la perception*, Merleau-Ponty comprend le recours au corps propre comme une solution plutôt que comme un problème. Il lui paraît suffisant de lester la conscience par le corps, et ceci plus radicalement que dans sa thèse puisque la relation intentionnelle devient parenté ontologique entre le sujet et le monde, mais ceci ne permet pas de sortir de la philosophie de la conscience tant que l'on ne s'interroge pas sur le sens d'être de ce corps. En effet, il ne s'agit pas seulement de dire que le sujet incarné peut ouvrir à la profondeur du monde mais de savoir quel est exactement le sens d'être du sujet et donc du corps en tant qu'il capable de se dépasser vers cette profondeur. Dès lors, Merleau-Ponty manque la relation au monde, la « perception », à la fois par excès, sous la forme d'une identification entre ma chair et celle du monde qui le conduit à proximité d'une philosophie de la nature d'où toute phénoménalité est absente, et par défaut dans le maintien d'une différence radicale du sujet sous la forme d'une chair qui, définie comme *se sentir*, est encore un autre nom de la conscience. Ainsi, Merleau-Ponty oscille sans cesse entre l'exigence d'appartenance onto-logique et celle de la phénoménalisation sans parvenir jamais à trouver le point d'équilibre, c'est-à-dire à définir la distance ou la différence propres du sujet phénoména-lisant. Le caractériser comme chair, c'est certes affirmer à juste titre qu'à la fois il ouvre au monde et lui appartient, mais toute la difficulté est de penser l'unité de ces deux dimensions, car il faut que l'ouverture ne soit pas encore celle d'une conscience et que l'appartenance ne renvoie pas à une simple univocité ontologique.

La question qui a commandé mes recherches, qui ne portent plus tant sur la perception que sur la corrélation phénoménologique, est précisément celle du sens d'être de ce sujet que Merleau-Ponty nomme chair : comment peut-il, *sous le même rapport*, appartenir au monde, dimension que nomme l'incarnation, et en différer radica-lement en tant que condition de l'apparaître de ce monde ? La réponse réside dans le *mouvement*. En effet, le mouve-ment est un sens d'être qui diffère du tout au tout de celui des étants mondains : il est négation concrète, non pas l'identité à soi mais la non-coïncidence comme être. Seulement, d'autre part, le mouvement ne repose pas sur lui-même, il exige un sol ou un espace au sein duquel se déployer et, en cela, appartient nécessairement au monde. Ainsi, la condition de la différence du mouvement par rapport aux étants du monde est son appartenance à celui-ci : au plan du mouvement, inscription dans le monde et altérité ne font plus alternative. Dès la rédaction de cet ouvrage sur la perception, j'avais conscience de la nécessité d'en venir à une conception dynamique du sujet pour penser la perception, même si je n'étais pas encore en possession des conditions exactes du problème. De là l'intérêt pour Bergson, manifeste dès cet ouvrage. En effet, Bergson est le premier à dissocier radicalement la perception de tout rapport de connaissance, ce que Husserl lui-même ne parvient pas à faire. Il apparaît que le seul moyen de rendre compte de la perception sans recourir à une donation de sens, à un acte de conscience, est de comprendre que la perception est déjà donnée ou effectuée dans les choses, que celles-ci sont intrinsèquement visibles, que toute perception se précède donc dans une totalité qui est son propre apparaître. Tel est assurément le sens phénoménologique de la théorie des images, à laquelle Merleau-Ponty lui-même attachait la plus grande importance. Dès lors, pour Bergson, la perception proprement dite procède d'un découpage au sein de la totalité des images qui est commandé par les a priori biologiques du vivant : est perçu cela à quoi il se rapporte vitalement et qui, par ce rapport, se trouve détaché de l'entourage, passant ainsi, par voie de soustraction, de la présence à la représentation. Or, même si, au moins dans *Le visible et l'invisible*, Merleau-Ponty parle de sensible en soi et se réfère à plusieurs reprises à Bergson, il ne franchit pas le pas consistant à identifier la perception à un mouvement de délimitation ou de découpage au sein d'un champ d'apparaître autonome, bref à la penser exclusivement sur le mode dynamique.

Néanmoins, si Bergson franchit ce pas, c'est sous la double réserve de s'en tenir à l'instantanéité d'une perception pure et de comprendre le mouvement sur lequel la perception repose comme commandé par des exigences strictement vitales. Mais j'ai été conforté dans cette perspective d'une approche résolument dynamique de la perception par l'œuvre de Patočka, qui m'a occupé dans les années qui ont suivi mes travaux sur Merleau-Ponty. En effet, celui-ci retient de Heidegger la nécessité d'une approche existentielle tout en critiquant le refus de celui-ci de faire figurer le corps parmi les existentiaux du Dasein. A l'inverse, Merleau-Ponty fait bien au corps une place de choix mais n'en vient jamais à s'interroger sur son sens d'être, ou encore sur la modalité d'existence qu'il est. Or, comme le montre Patočka, le mode d'existence propre de cela que nous nommons corps ou chair n'est autre que le mouvement et c'est sur ce mouvement singulier que repose la possibilité de se rapporter au monde en le faisant paraître. On peut dire que ce mouvement n'est autre que l'intentionnalité elle-même, à condition de comprendre que ce n'est pas le mouvement qui est intentionnalité mais plutôt celle-ci qui existe comme mouvement, de telle sorte que parler de mouvement intentionnel ne revient pas du tout à s'exprimer par métaphore. Ce mouvement singulier par lequel j'ai défini le mode d'être du sujet percevant, c'est-à-dire de la chair échappe évidemment au partage qui règne en maître depuis l'âge classique : celui du simple déplacement et de la pure signification. Ce mouvement sur lequel repose la phénoménalisation est pour ainsi dire situé plus haut que le simple déplacement mais plus bas que la donation de sens : il est une avancée phénoménalisante, un aller vers qui est un faire paraître ou encore un mouvement qui éclaire son but. J'ai longuement montré, notamment dans *Introduction à une phénoménologie de la vie*[1] qu'un tel mouvement est celui du vivre lui-même, en tant source commune du *leben* et de l'*erleben*, de la vie intransitive et de la vie transitive - ce qui revient bien à dire qu'il n'y a pas d'épreuve pensable de quoi que ce soit qui n'implique un être en vie, c'est-à-dire précisément un être en mouvement. C'est naturellement dans ce vivre premier que se fonde l'unité originaire, propre au sujet de la perception, de la différence et de l'appartenance. En outre, seule cette caractérisation du sens d'être du sujet comme mouvement répond à la description de la perception comme ostension du monde : la profondeur qui caractérise le monde déjoue par essence toute intuition, elle ne se donne qu'à celui qui est capable d'y pénétrer, sa phénoménalisation ne se distingue pas d'une avancée. C'est aussi la raison pour laquelle j'ai été conduit à déterminer ce mouvement du

1. Paris, Vrin, 2008.

vivre comme *désir*. En effet, le monde s'absente toujours de ce qui le présente, de sorte que le mouvement qui se porte vers lui est nécessairement déçu et se nourrit donc lui-même, est aussi insatiable que le monde est transcendant : à l'excès irréductible du monde sur les apparitions mondaines ne peut répondre qu'un mouvement qui est sans cesse relancé par ce qu'il découvre, pour lequel la satisfaction ne va jamais sans frustration.

C'est ici que la phénoménologie de la perception se dépasse dans une philosophie de la perception, en un sens qui n'est plus du tout celui que Merleau-Ponty mettait en avant. D'une part, si le sujet est mouvement et si, en outre, il y a bien une parenté ontologique entre le sujet et le monde, la corrélation ne pouvant pas être pensée sans une certaine communauté d'être, force est de conclure alors que le monde auquel le sujet appartient doit également être pensé comme un certain mouvement. A un sujet compris comme mouvement ne peut correspondre, au titre de son sol d'appartenance, qu'un monde pensé processuellement. On aboutit au même résultat si l'on remarque que le mouvement est un ordre ontologique autonome et irréductible, de telle sorte que le sujet ne peut être la source de son propre mouvement mais s'inscrit au contraire dans un mouvement plus originaire qu'il ne fait que prolonger et qui n'est autre que celui du monde : le sujet ne commence pas le mouvement mais commence *dans* le mouvement. Autant dire que la phénoménologie de la perception, dès lors qu'elle met en avant la dimension dynamique du sujet, se dépasse nécessairement sous la forme d'une *cosmologie*, qui voit dans un certain procès le mode d'être ultime du monde et comprend finalement celui-ci comme *physis*. Ainsi, comme Bergson et Patočka l'ont pressenti, puisque notre mouvement est phénoménalisant il faut admettre que celui du monde l'est aussi, ce qui revient à reconnaître que notre perception renvoie à un phénoménalisation originaire et anonyme qui est le fait du monde et qu'elle se contente de reprendre à son compte pour la prolonger. La communauté ontologique entre le sujet et le monde, dont notre appartenance témoigne et que Merleau-Ponty comprenait comme Chair, renvoie à un *archi-mouvement* qui n'est autre qu'une archi-vie soustendant notre vivre et accomplit ce que nous pourrions nommer une proto-phénoménalisation.

Cependant, d'autre part, il reste que la phénoménalisation accomplie par le sujet (la perception) se distingue de la proto-phénoménalité anonyme du monde et qu'il faut bien rendre compte du passage de l'une à l'autre, autrement dit de la naissance du sujet à partir du monde. L'appartenance ne saurait absorber la différence du sujet sans laquelle il n'y a pas de phénoménalisation pensable. C'est ici que le concept de désir s'avère précieux puisque, en vérité, le désir est toujours désir de soi, désir de soi en l'autre, de telle sorte qu'il n'y a pas de désir sans exil du sujet hors de son être, sans séparation du désirant vis-à-vis de cela dont il y a désir et qui n'est autre que le monde. C'est dans cette séparation qui affecte le monde que réside la raison du sujet comme sujet du désir : le sujet naît en quelque sorte d'une chute du monde hors de lui-même. Or, si elle affecte le monde, cette scission n'a pas sa raison en lui : elle infléchit le mouvement de proto-phénoména-lisation sans en procéder, elle est comme un mouvement dans le mouvement, c'est-à-dire un *événement*. Cet archi-événement n'a ni cause ni raison : le sujet qui en procède est plutôt le sans raison par excellence, il est contingence absolue. Cet événement n'est autre au fond que celui de la finitude elle-même, de telle sorte que la finitude n'est pas un prédicat du sujet mais le sujet un effet de la finitude comme finitisation du procès du monde. J'ai montré que si le procès du monde relève d'une cosmologie, l'archi-événement relève d'une *métaphysique* en un sens qui est opposé à celui de la tradition puisqu'elle enregistre un surgissement absolument immotivé au lieu de se constituer comme recherche des causes et des raisons. C'est en ce double sens que la phénoménologie de la perception appelle une philosophie de la perception, philosophie qui prend la forme à la fois d'une cosmologie et d'une métaphysique[1]. Ainsi, par son mouvement propre, le sujet vise à rejoindre l'archi-mouvement du monde dont il est séparé par l'archi-événement et en lequel réside son être : la perception est tentative de réconci-liation, recherche d'une communauté d'être toujours déjà perdue. C'est cette dimension de séparation qui fait défaut chez Merleau-Ponty et lui interdit par conséquent de penser la corrélation. C'est parce qu'il ne voit pas que la

---

1. Sur tout cela, voir *Dynamique de la manifestation,* Paris, Vrin, 2013.

séparation du sujet ne repose pas nécessairement sur une dualité substantielle qu'il tend à ne mettre en avant que la communauté ontologique de la chair, communauté au sein de laquelle la différence ne peut finalement renvoyer qu'à l'existence d'une conscience. Autant dire aussi que nous nous retrouvons ici aux antipodes de la pensée husserlienne dont nous sommes partis, comme si la radicalisation qu'elle appelle n'était pas pensable sans une radicale inversion des signes. En effet, on n'a plus affaire à un sujet qui serait le site même de la raison et envelopperait par là même, au moins au titre de *telos*, la possibilité de s'approprier le monde en transparence mais, au contraire, un sujet dont toute la teneur d'être plonge dans celle d'une *physis* et qui, ne pouvant procéder que d'un pur événement, est absolument sans raison. C'est à cette condition que la perception peut être déliée de tout horizon d'adéquation, c'est-à-dire pensée en sa vérité.

Nantes, février 2016

INTRODUCTION

«Percevoir, c'est percevoir quelque chose» note Pradines au seuil de son ouvrage consacré à *La Fonction perceptive*[1].

La perception est en effet ce qui nous donne accès à quelque chose, à ce qu'*il y a* : elle est ouverture à l'effectivité, connaissance des existences. Cette définition apparemment évidente permet, en première approche, de situer la perception vis-à-vis de ce qui n'est pas elle. Elle se distingue de la pensée en un sens strict par son caractère sensible, auquel correspond précisément la présence concrète de quelque chose. Du sentiment, en ceci qu'elle ouvre à une extériorité au lieu de se réduire à l'épreuve d'un état de moi-même : je dirai que j'éprouve de la peine et que je perçois cet arbre. Ce qui n'exclut pas que la perception, en tant que sensible, comporte une dimension par laquelle le percevant s'éprouve ou s'affecte lui-même.

1. M. Pradines, *La Fonction perceptive,* «Médiations», Paris, Denoël-Gonthier, 1981.

Elle se distingue enfin de l'imagination ou de la mémoire en ce que le perçu y est présent « en personne », « en chair et en os », et pas seulement en autre chose, image ou souvenir.

La perception est donc caractérisée par une double dimension. D'un côté, elle est un mode d'accès à la réalité telle qu'elle est en elle-même ; dans la perception, je n'ai à aucun moment le sentiment d'avoir affaire à un double, à une image de la chose : j'ai au contraire la conviction de découvrir une réalité qui précède mon regard et telle qu'elle était avant que je ne la perçoive. De l'autre, cependant, la perception est sensible, *c'est-à-dire* mienne : elle est l'épreuve que *je* fais de la réalité. On traduit ainsi le fait incontestable que, sans sujet percevant, précisément sans organes des sens, rien n'apparaîtrait. Il suffit de détourner ou de fermer les yeux pour que disparaisse un pan entier du spectacle, de se déplacer pour que le paysage se mette à bouger : alors même qu'il se donne à nous comme précédant notre expérience, le perçu semble en même temps totalement tributaire de notre subjectivité sensible. Dans l'expérience immédiate coexistent donc deux évidences opposées : la perception se fait là-bas, dans le monde, et elle se fait en moi ; elle rejoint la chose telle qu'elle est en soi et elle saisit cette chose à travers des états du sujet. Au niveau de l'expérience immédiate, ces deux évidences n'entrent pas en conflit. La capacité de me retirer du monde ou à le faire varier à l'aide de mes mouvements ne semble en rien ébranler sa consistance et son autonomie ; elle m'apparaît plutôt comme l'envers de mon aptitude à le rejoindre – comme si les variations inhérentes à mes organes des sens étaient finalement à mettre au compte du monde lui-même.

Cependant, si ces deux dimensions sont conciliables aux yeux de l'expérience – car l'expérience *est* cette conciliation – elles se révèlent au contraire incompatibles dès que l'on tente de les nommer, dès que la réflexion s'en empare. Pradines précise ainsi sa première définition : la perception est « une fonction dont le propre est de nous faire atteindre des objets dans l'espace à travers des états de notre propre personne, qui, à ce titre, sont subjectifs et ne sont pas spatiaux »[1]. Or, comment puis-je, à partir d'états subjectifs, immanents et donc relatifs, accéder à ce qui repose en soi-même et n'est relatif qu'à soi-même ? Comment du vécu peut-il bien rejoindre cette chose spatiale qui lui est foncièrement étrangère ? Tel est le problème de la perception, tel qu'il est posé par l'essentiel de la tradition philosophique, et il nous faudra nous confronter aux solutions que cette tradition élabore.

Ainsi formulé, le problème repose tout entier sur l'assimilation, considérée comme allant de soi, entre les deux caractérisations de la perception : le « quelque chose » ne peut désigner que la chose étendue dans l'espace et la perception un état subjectif. Or, n'y aurait-il pas dans ce glissement une inconséquence grave ? On

---

1. *La Fonction perceptive*, *op. cit.*, p. 27.

confère d'emblée un sens déterminé à l'être du perçu ainsi qu'à celui du percevant, on soumet d'emblée la perception à des catégories disponibles, celles du sujet vécu et de l'objet étendu – catégories issues du cartésianisme – et on débouche alors sur le redoutable problème de la relation entre ce sujet et cet objet. Il est vrai que, dans la perception, quelqu'un perçoit quelque chose; mais rien ne nous autorise à définir ce « quelqu'un » comme un ensemble d'états subjectifs et ce « quelque chose » comme un objet étendu. On peut dire, si l'on veut, qu'un sujet rejoint un objet, mais cela ne préjuge encore en rien de ce qu'il faut entendre par ces notions. Ainsi, l'inconséquence consiste ici à subordonner par avance la perception à une certaine acception de la réalité, alors que, par définition, *c'est la perception même qui, en tant qu'accès originaire à la réalité, est susceptible de nous en délivrer le sens.* C'est en vertu de cette inconséquence, à savoir de la mise en œuvre de catégories métaphysiques disponibles et donc d'une description de la perception sous la forme d'une rencontre entre un état subjectif et une réalité spatiale, que celle-là devient problématique pour la réflexion. Le risque auquel s'expose toute philosophie de la perception est de décrire à l'aide d'un sens préconçu de l'être cela même qui nous révèle ce que signifie « être ».

Dès lors, puisque c'est par la perception que nous sommes d'abord initiés à ce qu'il y a et à la signification de cet « il y a », la seule manière de déterminer le sens d'être du réel est bien de s'en remettre à elle au lieu de la reconstituer à partir de catégories venues d'ailleurs :

l'étude de la perception a bien un enjeu ontologique. Mais une telle entreprise ne va pas de soi. Notre perception est en effet structurée par des catégories de langue et de pensée qui ont certes une date de naissance mais ont effacé leur origine et se sont sédimentées en elle. C'est la raison pour laquelle la reconstitution de la perception à partir de catégories prédonnées peut apparaître comme l'expression exacte de ce qui est : la philosophie ne fait alors que retrouver dans la perception ce qu'elle y a peu à peu déposé. Si nous pouvons avoir le sentiment qu'une pensée pense ce qu'est la perception, c'est parce que nous percevons comme nous pensons. Il est donc nécessaire de tenter de revenir à la perception sans présupposés, de la décrire pour elle-même et cette tâche est inséparable d'un travail critique vis-à-vis des catégories à travers lesquelles elle a été abordée et par lesquelles elle a été en quelque sorte envahie : c'est à cette condition que, à l'écoute de la perception, pourra nous être délivré un sens neuf de l'être, indifférent aux catégories du vécu subjectif et de l'objet spatial. Une philosophie de la perception n'est pas seulement celle qui prend la perception pour objet ; c'est aussi une philosophie qui se réforme à son contact, qui pense *selon* elle.

CHAPITRE PREMIER

LA PERCEPTION INTROUVABLE

LES SENSATIONS

Nous avons des organes des sens grâce auxquels nous accédons au monde extérieur, c'est-à-dire percevons ; ces organes des sens donnent naissance à des *sensations*, dont la perception sera alors constituée. Telle est la description de la perception qui semble d'abord s'imposer et que retient l'empirisme. Dans la conception empiriste, la notion de sensation procède d'un questionnement sur l'origine de nos connaissances, questionnement qui, chez Locke en particulier, est dirigé contre la théorie cartésienne des idées innées, idées nées avec nous, c'est-à-dire inscrites en nous par Dieu. La connaissance vient toute de l'expérience, qui est faite de sensations. Celles-ci sont donc l'origine de nos connaissances, au sens à la fois chronologique – nous avons d'abord des sensations – et logique – ces sensations composent nos idées. Il faudrait ajouter que les opérations que l'âme exerce sur les idées reçues des sens constituent une nouvelle source d'idées (percevoir, douter, penser...). Mais, pour ce qui est des perceptions, elles se réduisent aux sensations : « Et premièrement nos sens étant frappés par certains objets extérieurs, font entrer dans notre âme plusieurs perceptions distinctes des choses, selon les diverses manières dont ces objets agissent sur nos sens. [...] Et comme cette grande source de la plupart des idées que nous avons, dépend entièrement de nos sens, et le communique par leur moyen à l'entendement, je l'appelle SENSATION »[1]. Il est vrai que, dans l'objet, les qualités sensibles sont étroitement mêlées, de telle sorte que je n'aperçois pas aisément de distinction entre elles : par exemple, j'éprouve indistinctement la froidure et la dureté de la glace. Mais ce mélange n'est que de fait et ne correspond en aucun cas à une unité qui précéderait la diversité des qualités sensibles, comme si celles-ci ne naissaient que d'une division de l'objet. Les qualités au sein de chaque sens sont aussi distinctes que le sont entre elles les qualités des différents sens. L'objet n'est donc bien qu'une collection de sensations. Celles-ci sont *simples* – elles sont de part en part ce qu'elles sont et rien d'autre que cela – et, par là même, clairement et distinctement saisies. Comme l'écrit Locke, « la froideur et la dureté qu'on sent dans un morceau de glace sont des idées aussi distinctes dans

---

1. Locke, *Essai philosophique concernant l'entendement humain*, trad. Coste, Paris, Vrin, 1972, p. 61.

l'âme que l'odeur et la blancheur d'une fleur de lis, ou que la douceur du sucre et l'odeur d'une rose : et rien n'est plus évident à un homme que la perception claire et distincte qu'il a de ces idées simples, dont chacune, prise à part, est exempte de toute composition, et ne produit par conséquent dans l'âme qu'une conception entièrement uniforme, qui ne peut être distinguée en différentes idées »[1]. Cependant, comme certaines idées simples (sensations) sont constamment unies, on en parle comme s'il s'agissait d'une seule idée simple; on leur confère un seul nom et on suppose que quelque chose les soutient, que l'on appellera substance, substance dont elles sont les propriétés. Mais, à condition de s'en tenir à l'expérience, on découvre qu'il n'y a rien d'autre dans l'objet que ce qui affecte les sens et que la perception se confond avec les sensations.

La sensation est donc, tout d'abord, une réalité subjective, un vécu ou un état : précisément parce que les sensations sont « en » nous, les empiristes parlent d'« idées ». C'est cette dimension que Berkeley conduira jusqu'à ses conséquences ultimes. Contrairement à Locke, qui postule l'existence d'une réalité extérieure qui serait la cause de nos sensations par l'entremise de nos organes des sens, Berkeley montre que cela n'a aucun sens de poser un monde extérieur distinct de nos perceptions sensibles. Au cours de leur célèbre dialogue, à Hylas qui prétend que cette chaleur que nous éprouvons doit bien renvoyer à une

---

1. *Essai philosophique concernant l'entendement humain, op. cit.,* p. 75.

existence réelle hors de l'esprit, Philonous rétorque que cette chaleur n'est ni plus ni moins réelle que la douleur qu'elle devient lorsque son intensité augmente : elle n'est rien d'autre que notre sensation[1]. Le sens d'être de l'être est d'être perçu ; *esse est percipi (et percipere* car il y a des esprits qui perçoivent). Cela ne signifie pas que la réalité disparaît en nous-mêmes, que nous cessons donc de percevoir une réalité, mais simplement que cette réalité que nous percevons comme une réalité n'est rien d'autre que la perception que nous en avons. C'est là seulement la théorisation la plus conséquente de cette évidence selon laquelle, même si nous « lançons notre imagination jusqu'au ciel, ou aux limites extrêmes de l'univers, en fait nous ne progressons jamais d'un pas au-delà de nous-mêmes, et ne pouvons concevoir aucune sorte d'existence que les perceptions (terme générique qui recouvre les impressions sensibles et les idées qui en dérivent), qui ont apparu dans cet étroit canton »[2].

Subjective, la sensation est, d'autre part, *atomique*. À toute différence repérable, à toute distinction qualitative correspond une séparation dans l'existence, c'est-à-dire une distinction numérique. La différence n'est pas une relation, qui supposerait une unité préalable, mais une manière d'être : deux sensations diffèrent l'une de l'autre

---

1. Berkeley, *Trois Dialogues entre Hylas et Philonous,* trad. A. Leroy, Paris, Aubier, 1970.

2. Hume, *Traité* de *la nature humaine,* trad. A. Leroy, Paris, Aubier, 1973, p. 139.

parce qu'elles sont différentes en elles-mêmes, le rouge se distingue du bleu parce qu'il est rouge, loin que sa rougeur n'ait de sens que par différence avec le bleu. C'est à cette condition que les sensations peuvent être caractérisées comme les composantes ultimes de toute perception : le retour au donné, réquisit de l'empirisme, est possible car il y a du donné, à savoir ces sensations atomiques que l'analyse retrouve. Notons que ces deux positions – la sensation est un pur vécu et elle est atomique – sont étroitement liées. En tant que pur vécu, la sensation ne peut qu'être coïncidence avec un contenu déterminé, qualifié : l'appréhension d'une relation et un acte synthétique en général exigeraient en effet une distance avec le donné, un dépassement du contenu ponctuel, bref une rupture de la coïncidence. C'est pourquoi l'empirisme se trouve toujours embarrassé lorsqu'il est confronté à une connaissance qui dépasse le donné (par exemple, lorsqu'on affirme que A est cause de B alors qu'on ne perçoit que A, puis B). Sa solution consiste toujours à construire un jeu d'associations sur fond d'habitude (on tend à poser B lorsque A paraît, puisqu'ils se sont toujours succédés dans le passé) : il n'y a jamais de véritable dépassement du donné.

Une telle perspective produit d'abord un sentiment d'évidence. N'est-ce pas au moyen de nos organes des sens que nous rencontrons une réalité ? N'est-ce pas cette présence sensible qui permet de faire la différence entre une perception et une idée abstraite ? De même que voir des couleurs et entendre des sons sont deux expériences évidentes, irréductibles et qu'il est impossible de confondre, voir du rouge et voir du bleu, entendre du grave et de l'aigu sont des sensations simples. Mais, en réalité, rien n'est moins évident que ces sensations, que l'on se situe sur le plan de la théorie ou, tout simplement, de l'expérience perceptive.

Tout d'abord, cette sensation a un statut bien problématique puisqu'elle est à la fois un état de moi-même et un contenu, autrement dit à la fois un vécu et son « objet ». Si elle est vraiment subjective, si elle est un état de moi-même et se confond par conséquent avec l'éprouver comme tel, comment peut-elle me donner un contenu déterminé, distinct de cette épreuve ? Une pure sensation serait donc *imperceptible,* elle se confondrait au mieux avec un sentiment : dans la douleur dont parle Berkeley par la bouche de Philonous, aucun objet n'est donné. Inversement, si, comme l'affirme l'empirisme, la sensation est bien l'expérience d'une qualité déterminée, ne faut-il pas admettre une distance, même minimale, entre cette qualité et son épreuve, et donc renoncer à qualifier la sensation de purement subjective ? Si la sensation atteint quelque chose, du vert par exemple, ne faut-il pas y réintroduire la distinction du sujet et de l'objet et dire alors que le vert est *ce que* je perçois – et n'est pas, à ce titre, subjectif – et qu'il renvoie à une *épreuve subjective* de ce vert qui, si elle est certes sentie ou éprouvée, n'est pas perçue ? Hylas a donc raison de dire que la chaleur est une qualité perçue – et en cela déjà objective, distincte de moi-même – à travers une sensation qui peut, elle et elle seule, devenir douleur. Le mystère est que cette chaleur peut se transformer en douleur. C'est de cela que partiront des penseurs comme Pradines, qui proposeront une genèse de la perception à partir des sensations affectives. Dans la douleur, je ne ressens que l'effet sur mon corps de l'agent qui est en contact avec lui; lorsque la distance de l'agent croît ou lorsque l'intensité de son action décroît, autrement dit quand la menace s'éloigne, cette affection peut se transformer en perception, en une appréhension de l'agent (plutôt que de mon propre corps) à distance. La perception de la chaleur comme chaleur *de l'objet* devient possible au moment où, cette chaleur diminuant, la douleur disparaît. Ainsi, il faudrait dire, contre Philonous (Berkeley), que le surgissement de la douleur à partir de la chaleur ne signifie en aucun cas que cette chaleur soit subjective au même titre que la douleur : il faut seulement en conclure que, dans la douleur, la sensation de la chaleur se trouve incapable de continuer à saisir son objet, la chaleur très intense. Quoi qu'il en soit, la question se pose – et l'empirisme l'a bien sûr abordée – du mode de conciliation possible entre la sensation comme épreuve (sentir) et la sensation comme qualité sentie.

D'autre part, on peut se demander si le concept de sensation peut être pensé avec la rigueur exigée par sa définition sans recours à l'objet qu'elle est censée composer. La sensation, reçue par les sens, est à l'opposé d'une idée abstraite : elle est un contenu qualitatif singulier, dépourvu de la moindre généralité. *Le* blanc, par exemple, n'est pas donné dans une sensation; ce blanc est une abstraction, il ne peut jamais être vu. C'est pourquoi

Locke évoque, dans une phrase déjà citée, « la blancheur d'une fleur de lis », plutôt que la blancheur en général. Seulement, ce qui vaut pour l'une vaut pour l'autre : en parlant de la blancheur d'une fleur de lis, au sens d'une fleur de lis quelconque, de *la* fleur de lis, Locke demeure dans l'abstraction car cette blancheur ne se rencontre pas plus que la fleur de lis en général. Afin donc d'atteindre une sensation authentique, qui soit un pur donné exempt de généralité, il faudrait parler de la blancheur de *cette* fleur de lis. Cela signifie qu'il n'y a de blancheur véritable, c'est-à-dire sensible, que comme blancheur *d'un objet* : c'est depuis le lis que la blancheur peut être atteinte, loin que le lis soit composé de qualités telles que *la* blancheur[1]. Afin de respecter son concept de sensation, l'empirisme semble donc conduit à renoncer au projet de composer l'objet à partir des sensations. On n'obtient des sensations authentiques qu'en se donnant l'objet ; le vert n'existe *que* comme vert de ce coin d'océan par tel temps, de ce chêne vert, ou de ces yeux : la concrétude de la sensation signifie son appartenance essentielle à l'objet. On sait que les Maoris ont 3000 noms de couleurs ; cela ne signifie pas qu'ils en perçoivent un très grand nombre mais simplement qu'ils ne les identifient pas lorsqu'elles appartiennent à des objets différents, de sorte qu'ils ne nomment la couleur qu'en nommant l'objet coloré (tout comme nous parlons de « lilas », « mauve » ou « saumon »). Cependant,

---

1. Voir R. Legros, *L'idée d'humanité. Introduction à la phénoménologie*, Paris, Grasset, 1990, p. 102-138.

si la sensation renvoie à l'objet, il est alors légitime de se demander ce qu'il en est de l'objet, par exemple ce lis dont je saisis la blancheur. Or, on se trouve contraint de donner à nouveau raison à l'empirisme : comment décrire ce lis autrement qu'en parlant notamment de sa blancheur, de son odeur, etc. ? Nous sommes déjà ici au cœur de la difficulté : s'il n'y a de couleur que comme couleur de *cette* chose, il n'y a de chose que constituée de qualités sensibles, dont *cette* couleur. Comment échapper à ce cercle ? Mais peut-être est-ce à la blancheur et au lis, aux qualités sensibles et à l'objet, qu'il faudrait renoncer.

Cette difficulté resurgit dans la théorie de l'*association* à laquelle l'empirisme fait appel dès qu'il veut rendre compte de significations qui dépassent le donné. Quand j'entends passer une voiture dans la rue, note par exemple Berkeley, il n'y a que le son qui soit perçu immédiatement, mais l'expérience que j'ai acquise de la connexion d'un son semblable avec une voiture me fait dire que j'entends une voiture. Le son est entendu, mais la voiture est suggérée par association, comme la chaleur d'un fer chauffé à rouge est suggérée par sa couleur. Seulement, il est légitime de poser la question suivante : comment l'association s'effectue-t-elle, c'est-à-dire pourquoi telle sensation va-t-elle réactiver tel autre groupe de sensations habituellement associées ? À l'évidence, il faut que quelque chose, dans la sensation, oriente et limite le recours au passé, ce qui revient à dire que la sensation doit déjà être saisie comme sensation *de cet objet.* Jamais une sensation n'en réveillerait d'autres si elle n'était pas d'abord comprise du point de vue de l'expérience totale dont elle fait partie. Si le bruit que j'entends réveille l'ensemble des sensations qui composent une voiture, et non pas d'autres sensations, c'est précisément parce qu'il est entendu *comme* bruit d'une voiture, parce que la voiture se manifeste déjà dans le bruit lui-même; si la couleur du métal chauffé évoque la chaleur, c'est parce que ce rouge n'est pas un rouge quelconque mais justement celui du métal chauffé «à rouge». Ainsi, l'évocation des sensations associées devient superflue au moment où elle est possible : la sensation présente déjà l'objet que l'association était censée reconstituer. L'idée d'une sensation atomique distincte de l'objet s'avère, à l'examen, problématique.

Mais, surtout, la sensation ne bénéficie pas du témoignage de l'expérience dont elle se revendique, ou plutôt avec lequel elle prétend se confondre. Il s'avère en effet que le champ de la perception ne peut être décomposé en une somme de sensations discrètes qui, combinées autrement, donneraient autre chose. C'est ce que montre particulièrement bien la psychologie de la forme (*Gestalt-psychologie*), fondée notamment par Ehrenfels, Koffka et Köhler. Au lieu de commencer par postuler des sensations, celle-ci s'en remet à ce que nous percevons effectivement, c'est-à-dire à ce que nous ne pouvons pas ne pas percevoir. Soit, par exemple, une mélodie : elle est un ensemble de sons et forme un tout organisé, articulé. Si une seule note est modifiée (par exemple, la hauteur d'un son qui permettra de passer du mode majeur au mode mineur), on a affaire à une *autre* mélodie, douée de propriétés différentes : par là même, les autres notes de la mélodie sont perçues différemment. Inversement, la mélodie conserve son identité si *tous* les sons sont modifiés d'une manière déterminée (par exemple d'une octave) : elle est *transposable*. Il est clair que l'identité de la mélodie n'est pas réductible à celle des éléments qui la composent ; elle dépend des rapports qu'entretiennent ces parties plutôt que de leur identité propre. La mélodie est une *forme,* à savoir un tout qui est quelque chose d'autre ou de plus que la somme de ses parties et dont les propriétés ne se réduisent pas à celles de ses parties. Il suit de là que la partie, ici la note, ne saurait être définie en et par elle-même : elle sera perçue différemment, sera donc une autre sensation, selon qu'elle sera perçue isolément ou intégrée à telle ou telle mélodie, tout comme une ligne isolée devient tout autre lorsqu'elle participe à telle figure. Cela n'a donc plus de sens de parler de contenu atomique puisque la nature de l'élément est essentiellement tributaire du tout dans lequel il s'intègre ; sa qualité est indissociable de sa fonction, du rôle qu'il joue au sein d'une totalité, c'est-à-dire finalement de cette totalité elle-même.

Bien entendu, il ne s'agit pas pour autant de considérer cette totalité comme un être positif et autonome. Elle est tributaire des parties qui la composent et de leurs rapports ; en toute rigueur, l'existence de la mélodie n'est pas autre que celle de l'ensemble de ses notes. La forme n'est donc pas une relation ou une structure idéale, indifférente à son contenu, mais une configuration concrète qui met en jeu tel type d'éléments et est tributaire de leur nature, même si elle n'en est pas la simple somme. Nous nous trouvons ici par-delà l'alternative du contenu et de la relation. La psychologie de la forme apparaît donc bien comme une récusation du concept empiriste de sensation : nous ne percevons que des formes et, par conséquent, le perçu n'est pas *composé* d'atomes sensibles. Si la sensation conserve un sens, ce n'est plus en tant que fondement de la perception mais comme résultat d'un processus de désintégration et de dissociation d'une forme, processus qui est encore, notons-le, un mode de mise en forme. Ainsi, pour s'en tenir à un exemple élémentaire, toute perception est régie par la structure figure-fond. Une couleur qui ne se détacherait pas sur un fond, qui, dès lors, envahirait le champ perceptif, ne serait absolument pas perçue. Elle n'est visible qu'en vertu de la relation de contraste qu'elle entretient avec ce fond et varie elle-même selon ce rapport. C'est bien la différence qui est première et non les termes ; le « donné », c'est le contraste, et les couleurs en sont tributaires.

La notion de sensation apparaît, au terme de cette analyse, comme le contraire de ce qu'elle prétendait être : non pas un donné mais le fruit d'une construction, non pas le plus concret mais le plus abstrait, non pas le cœur de la subjectivité vécue mais ce qui en est le plus éloigné. La sensation est le fruit d'une projection, au sein de la vie perceptive, d'exigences qui ne valent que pour le monde objectif, celui de la connaissance rationnelle. La démarche consistant à reconstruire une réalité à partir d'éléments simples qui la composent vaut pour l'univers logique ou physique; recomposer la perception à partir des sensations, c'est substituer cet univers à celui de la conscience perceptive, pour laquelle il n'y a pas de partie qui ne soit tributaire d'une configuration globale. Il n'y a de couleur «exempte de toute composition» et ne produisant dans l'âme qu'une «conception entièrement uniforme» que devant l'entendement, qui exige d'avoir affaire à des éléments transparents, dépourvus d'ambiguïté et d'épaisseur. Mais, pour la perception, toute qualité sensible est expressive d'un objet et en manifeste la profondeur. Autant dire qu'en définissant la perception par la sensation, nous posons d'emblée dans notre conscience des choses ce que nous savons être dans les choses; nous faisons de la perception avec du perçu. En parlant de sensation, on impose à la perception des catégories qui ne conviennent qu'à l'univers objectif que cette perception rend possible, on reconstruit le vécu comme s'il s'agissait d'une chose. On peut avancer, à titre d'hypothèse, que c'est la référence au corps, par l'intermédiaire des organes des sens, qui favorise cette confusion de l'objectif et du subjectif. Il est incontestable que nous percevons par l'entremise d'organes des sens qui sont objectivement distincts, en tant qu'ils peuvent être situés sur la surface du corps : l'extériorité des parties, qui caractérise le corps – tout au moins le corps objectif –, est alors attribuée aux vécus eux-mêmes. On postulera donc des sensations qui seront les unes vis-à-vis des autres comme les points susceptibles d'être excités de cette surface sensible qu'est l'organe sensoriel (par exemple la rétine), à savoir

extérieures les unes aux autres. À la faveur de cette assimilation, la perception sera conçue à l'image du monde
objectif auquel, pourtant, elle nous introduit.

L'INTELLECTION

Au moment où il prétend nous introduire au cœur de la
subjectivité, grâce à la notion de sensation, l'empirisme
nous en éloigne résolument. En effet, si vraiment la
perception n'était rien d'autre que la sensation produite
par le moyen des organes des sens, si l'objet n'était autre
qu'une collection de sensations, rien ne serait perçu, faute
de *quelqu'un* qui perçoive. L'empirisme ne retient de la
perception que le moment de la présence sensible, le fait
qu'elle nous met en rapport avec une réalité existante.
Mais la perception n'est pas un événement objectif, elle est
un *acte* subjectif; la sensation n'est pas présente à la
conscience comme une chose est présente dans le monde,
c'est plutôt la perception qui se rend l'objet présent, qui se
le *représente*. Bref, l'expérience perceptive, comme telle,
est irréductible à une action réelle du monde sur la
sensibilité et à la coïncidence avec un contenu sensible. En
tant qu'expérience, en tant que « subjective », la perception suppose un *acte* par lequel la conscience appréhende
tel contenu, c'est-à-dire lui confère un sens. On sait,
depuis Platon, que toute expérience est une *reconnais-
sance* : jamais je ne pourrais percevoir *que* telle chose est si
je n'étais en mesure d'apercevoir *ce qu'*elle est. Ce n'est

pas en tant qu'existence brute qu'une réalité peut accéder à la conscience, mais en lui offrant une signification. Tout le problème de la perception est de parvenir à conférer un statut satisfaisant à cette signification et, partant, à la subjectivité qui lui donne vie.

Cette dimension de signification, qui s'impose à quiconque s'interroge sur l'expérience, est par ailleurs appelée par les lacunes de la perspective empiriste. S'il s'avère en effet que l'objet, cela que je perçois, est irréductible à la collection des sensations, il faudra mettre son appréhension au compte d'une faculté spécifique et disjoindre la perception de la sensation. C'est ce que démontre magistralement Descartes dans la deuxième *Méditation métaphysique.* Il s'agit précisément d'interroger cette conviction irrésistible selon laquelle les choses matérielles, données aux sens, seraient ce qui nous est le plus distinctement connu, beaucoup mieux en tout cas que cette pensée dont Descartes vient de montrer qu'elle constitue notre essence. Considérons donc, non pas un corps en général, mais un corps particulier, tel ce morceau de cire qui vient d'être tiré de la ruche : « Il n'a pas encore perdu la douceur du miel qu'il contenait, il retient encore quelque chose de l'odeur des fleurs dont il a été recueilli ; sa couleur, sa figure, sa grandeur sont apparentes ; il est dur, il est froid, on le touche, et si vous le frappez, il rendra quelque son ». Ces qualités sensibles permettent de le connaître distinctement. Si nous approchons du feu ce morceau de cire, aucune de ces qualités ne demeure intacte : sa couleur change, son odeur s'évanouit, sa grandeur augmente, sa figure se perd. Descartes met ici en scène une variation systématique de toutes les qualités de la chose, dont il faut souligner qu'elle préfigure la variation eidétique husserlienne, variation imaginaire, arbitraire et radicale, dont celle-ci est comme l'équivalent perceptif. Descartes poursuit alors : « La même cire demeure-t-elle après ce changement ? Il faut avouer qu'elle demeure et personne ne le peut nier. Qu'est-ce donc que l'on connaissait en ce morceau de cire avec tant de distinction ? Certes, ce ne peut être rien de tout ce que j'y ai remarqué par l'entremise des sens, puisque toutes les choses qui tombent sous le goût, ou l'odorat, ou la vue, ou l'attouchement, ou l'ouïe se trouvent changées, et cependant la même cire demeure » [1]. Ainsi, puisque la même cire demeure alors même que toutes les qualités par lesquelles je prétendais la connaître distinctement ont disparu, le fondement de mon jugement d'identité ne peut résider en elles. Comment concevoir alors la cire, en tant qu'elle demeure la même par-delà cette variation ? Notons que cette cire, que je reconnais comme identique après l'épreuve du feu, est celle-là même que je connaissais auparavant : la variation révèle que la cire était, à mon insu, autre chose que ce que je croyais, à savoir un assemblage de qualités sensibles. La cire ne peut donc être que le substrat de ces qualités changeantes, ce qui *résiste* à la variation et est *capable* de toutes ces modifications, c'est-

---

1. Descartes, *Œuvres,* Adam et Tannery, Paris, Vrin, 1996, t. IX, p. 24.

à-dire « un corps qui un peu auparavant me paraissait sous ces formes, et qui maintenant se fait remarquer sous d'autres ». Or, comment puis-je accéder à un tel corps, susceptible d'avoir une infinité de formes ? Ce ne peut être par l'imagination, incapable de se représenter l'infinité des changements possibles. Seul *l'entendement* a le pouvoir de connaître l'essence de ce corps, l'extension qui demeure identique tout en devenant chacune de ses formes. D'où la conclusion de Descartes : « Sa perception, ou bien l'action par laquelle on l'aperçoit, n'est point une vision, ni un attouchement, ni une imagination, et ne l'a jamais été, quoiqu'il le semblât ainsi auparavant, mais seulement une inspection de l'esprit ». Celle-ci était à l'œuvre dès le début, dans l'appréhension sensible de la cire, mais elle y était « imparfaite et confuse ».

Nous assistons ici à un renversement radical de l'empirisme. En tant que la perception est perception d'un *objet*, c'est-à-dire de ce qui demeure le même par-delà les variations de l'apparence sensible (inhérentes à la variété des consciences et aux variations d'une même conscience dans le temps), elle ne peut être qu'une intellection. L'objet ne se réduit pas à une collection de qualités sensibles ; il est une unité pensable, par-delà l'ensemble de ces qualités. La sensation, quant à elle, ne correspond à rien de positif, elle ne délivre aucun moment véritable de l'objet : elle est seulement l'expression du fait que, dans la mesure où l'entendement humain se trouve uni à un corps sensible, nous percevons l'objet selon la relation de notre corps à lui, tel qu'il est pour nous et non pas tel qu'il est en soi.

C'est pourquoi la sensation n'est finalement qu'une inspection de l'esprit «imparfaite et confuse». En tant qu'elle est sensation d'un *objet* (c'est-à-dire perception), qu'elle appréhende par exemple la couleur comme couleur *de la* cire, la sensation est intellection; mais, en tant que *sensation,* épreuve de la couleur, elle nous exprime nous-mêmes plutôt que l'objet.

En caractérisant la perception comme intellection, c'est-à-dire comme appréhension d'une signification, Descartes parvient à concilier les deux dimensions de la perception que nous avions évoquées en commençant. En effet, la signification est à la fois ce qui n'existe que pour une conscience et ce qui lui offre cependant des structures résistantes; transparente à l'esprit, elle lui fait cependant face au lieu de se confondre avec son étoffe psychologique. C'est bien en se portant au plan de la pensée que l'on parvient à penser une transcendance, ou une extériorité qui ne soit pas étrangère à la conscience et, par conséquent, une présence à la conscience qui ne soit pas inclusion *dans* la conscience.

Par cette conception de la perception, Descartes se situe en réalité dans une tradition ontologique qui remonte à Parménide. Le «quelque chose», ce qu'«il y a», ne peut être déterminé que comme objet, à savoir comme une réalité identique à elle-même et immuable. Seule la pensée, par différence avec la sensation qui ne rencontre que du devenir, est en mesure d'atteindre une telle réalité; c'est en ce sens que, selon la célèbre formule de Parménide : «Être et penser sont le même». La caracté-

risation du réel par l'identité propre à l'objet et l'identification de la perception à l'intellection sont les deux faces
d'une même décision ontologique. Seulement, l'assimilation du « quelque chose » à l'objet, assimilation qui
commande l'approche intellectualiste de la perception,
peut-elle être considérée comme allant de soi ? S'impose-
t-elle au terme d'un examen rigoureux de la perception ou
ne procède-t-elle pas plutôt de la soumission *a priori* de la
perception à une ontologie qui aurait ses racines ailleurs ?
Le « quelque chose » peut-il être réduit à l'objet ?

La force de cette analyse est incontestable, et cette
conception de la perception est, *en un sens,* indépassable.
Toute expérience suppose bien l'appréhension d'une unité
organisant le donné, d'un sens ; une pure diversité ne
pourrait paraître car aucun esprit ne pourrait « s'y reconnaître ». Avec Descartes, la spécificité de la conscience
par rapport à la chose est pleinement reconnue ; la perception est autre chose qu'une collection d'état subjectifs car
être en présence de quelque chose c'est en saisir le sens.
Cependant, la question est précisément de savoir si
cette signification fait l'objet d'une intellection, s'il n'y
a de sens que conçu, s'il n'y a, par conséquent, aucune
spécificité de la perception, sinon négative, au sens où son
caractère sensible serait l'expression de notre finitude.

Mais il faut bien admettre qu'il y a une différence entre
percevoir et concevoir : telle est l'objection, à la fois
simple et fondamentale, à laquelle s'expose la perspective
intellectualiste. Le propre de la perception est qu'elle
atteint un sens au sein du sensible, et cette inscription du

sens dans le sensible n'est pas une circonstance en quelque sorte extérieure. Le sens perçu n'est pas un sens conçu auquel s'ajouterait (ou manquerait) quelque chose : c'est un *autre* sens. Mode spécifique de rapport à l'objet, la perception est irréductible à un acte d'entendement. Il suffit que je regarde un paysage la tête en bas pour n'y plus rien reconnaître ; or, le « haut » et le « bas » n'ont pour l'entendement qu'un sens relatif et l'orientation du paysage ne devrait donc pas représenter pour lui un obstacle insurmontable. Devant l'entendement, un carré est toujours un carré, qu'il repose sur l'une de ses bases ou sur l'un de ses sommets ; pour la perception, dans le second cas, il est à peine reconnaissable [1]. C'est également manifeste dans le cas du « morceau de cire ». En effet, contrairement à ce que Descartes écrit, une fois que toutes les qualités sensibles ont changé, que la cire a fondu, je ne peux dire que « la même cire demeure ». Pour la perception, la cire a disparu lorsque ses qualités sensibles se sont évanouies. Descartes met ici à profit les hasards de la langue, qui veulent que le même mot désigne la cire à l'état solide et à l'état liquide, alors que, par exemple, l'on désigne par des mots distincts l'eau dans ces deux états. Si nous renouvelions l'expérience de Descartes en faisant fondre de la glace, nous ne pourrions dire : « la même glace demeure » car, pour la perception, la glace est devenue eau. C'est seulement pour la *science,* pour le physicien, qu'un *corps* se conserve là où

---

1. Voir M. Merleau-Ponty, *Phénoménologie de la perception,* Paris, Gallimard, 1945, p. 57-58.

la perception aperçoit une transformation. Si Descartes peut donc répondre par l'affirmative à la question «La même cire demeure-t-elle après ce changement?», c'est seulement parce qu'il a projeté par avance dans la cire ce qu'elle représente pour le physicien, rabattu la cire perçue sur la cire conçue, qui n'est quant à elle qu'un corps doué d'une certaine extension. C'est ce qu'il explicite dans le cours du texte : «La cire n'était pas cette douceur du miel, ni cette agréable odeur de fleurs [...], mais seulement un corps qui un peu auparavant me paraissait sous ces formes, et qui maintenant se fait remarquer sous d'autres.»

D'autre part, par-delà leur apparente opposition, la perspective intellectualiste s'avère profondément tributaire de l'empirisme. En effet, l'intellectualisme commence d'abord par accepter la thèse empiriste d'une multiplicité de sensations discrètes et il introduit l'acte intellectuel pour expliquer l'écart entre ce qui devrait être donné, conformément à l'hypothèse des sensations, et ce qui est effectivement perçu. C'est donc parce qu'il commence par poser une pure diversité, à l'instar de l'empiriste, que l'intellectualiste doit admettre un acte intellectuel conférant une unité à cette diversité. La réduction de la perception à une intellection vaut donc finalement ce que vaut l'empirisme et s'il s'avérait que le concept de sensation est une abstraction, le recours à l'intellection se révélerait injustifiable. L'intellectualisme ne vaut que contre l'empirisme, c'est-à-dire par lui. Par exemple, si on commence d'abord par construire la vision à partir de l'impact des objets sur la rétine, impact que recueille la sensation, on doit en conclure que nous devrions avoir deux images de chaque objet. Mais puisqu'il n'en est rien, on admettra que la vision de l'objet unique, à savoir la perception effective, repose sur un jugement fondé sur l'interprétation de la ressemblance des images rétiniennes. Seulement, il s'agit d'abord de savoir s'il est pertinent de parler d'une vision double de l'objet, de réduire la vision à un impact sur la rétine. On peut certes l'obtenir en approchant un objet très près des yeux ou en exerçant une pression sur les globes oculaires : mais, précisément, il s'agit là d'un artifice et non d'un compte rendu exact de la vision effective. L'hypothèse des sensations apparaît bien comme une abstraction que l'intellectualisme vient compenser en lui ajoutant la contre-abstraction de l'acte intellectuel.

C'est ce que confirme une lecture attentive du «morceau de cire». Nous l'avons dit, Descartes se situe au-delà de la cire perçue en la confondant avec un corps physique et c'est à cette condition qu'il peut affirmer que «la même cire demeure». Mais ce mouvement n'est lui-même possible que parce qu'il s'est d'abord situé *en deçà* de la cire perçue en projetant sur elle l'abstraction empiriste d'une diversité pure. En effet, tout d'abord, la cire est décrite comme un ensemble épars de qualités sensibles : on distingue l'odeur, la couleur, le son qu'elle rendra, etc. En procédant ainsi, Descartes n'est pas fidèle à la cire telle qu'elle est effectivement perçue, car, en fait, sa couleur annonce déjà la douceur de sa surface et sa texture à la fois dure et molle, qui annoncent elles-mêmes le son mat qu'elle rendra : vis-à-vis de la cire effectivement présente, l'énumération par laquelle Descartes commence est déjà une abstraction. D'autre part, la variation à laquelle la cire se trouve soumise est tout à fait particulière. On n'assiste pas à un devenir dans lequel telle ou telle qualité varierait au sein de son champ qualitatif propre, mais à un passage de l'être au néant, à une disparition : « Ce qui y restait de saveur *s'exhale,* l'odeur *s'évanouit,* sa couleur *se change,* sa figure *se perd,* [...] et, quoiqu'on le frappe, il ne rendra plus *aucun* son » (nous soulignons). Ainsi, Descartes fixe chaque qualité comme une entité déterminée, sans variation interne possible, sans devenir propre, pour faire ensuite apparaître la fonte de la cire comme la destruction de ces qualités. À l'évidence, la description de ce processus n'est pas tant fidèle à l'expérience qu'à sa reconstitution empiriste. C'est ce que fait ressortir le début du texte par différence : ce morceau de cire « *n'a pas encore perdu* la douceur du miel qu'il contenait ; il *retient encore quelque chose* de l'odeur des fleurs dont il a été recueilli » (nous soulignons). Avant l'expérience, les qualités sont décrites comme évanouissantes, comme intégrant le devenir au sein de leur identité ; elles ne sont pas soumises à l'alternative de l'être et du néant, elles comportent une part d'indétermination. Or, c'est également ce qui se passe lorsque la cire fond : le moment où la saveur s'exhale, où l'odeur s'évanouit est en fait *inassignable* puisque, on l'a vu, la saveur est toujours déjà en cours d'exhalaison et l'odeur en voie de s'évanouir. Seulement, c'est ce que Descartes ne peut accepter car reconnaître cela reviendrait à admettre que la qualité sensible, telle qu'elle est perçue, préserve son identité au sein même de ses transformations – cette identité étant inassignable, identique à son propre devenir. Ce serait avouer que l'identité de l'objet se constitue à même les qualités sensibles et que, dès lors, il est inutile de faire appel à un acte intellectuel. Il est clair que le recours à un tel acte pour sauvegarder l'identité de la cire malgré la disparition des qualités n'est justifié que par une conception abstraite de la qualité, qui est préalablement déterminée comme une entité fixe afin que tout devenir en soit nécessairement la disparition. C'est bien parce que la cire, telle qu'elle est d'abord décrite, manifeste un défaut d'unité, que sa caractérisation finale est marquée par un excès d'unité et que la cire devient alors un être positif par-delà la diversité de ses qualités changeantes.

Mais la cire perçue n'est ni une pure collection de qualités soumises à des changements absolus, ni un corps, c'est-à-dire un fragment d'étendue que notre sensibilité habillerait de ses qualités. Les qualités de la cire sont qualités *de* la cire, déjà unifiées parce que chacune d'entre elles est la cire à sa façon, et c'est la raison pour laquelle aucun acte intellectuel n'est requis. La cire perçue est plus qu'une somme de couleurs, d'odeurs, etc. – elle est leur communauté d'être, leur harmonie – et il n'y a donc pas à postuler l'unité d'un corps, distincte de celle qui est immanente aux qualités. C'est seulement pour la connaissance rationnelle que la cire est un corps, et c'est aussi pour cette connaissance qu'elle est une multiplicité de qualités sensibles. Une telle conclusion était déjà en germe dans les résultats de la psychologie de la forme. Si on ne peut, même en droit, distinguer le contenu sensible de la configuration à laquelle il appartient, si cela n'a plus de sens de parler de diversité atomique, l'unité de la forme ne saurait alors procéder d'un acte intellectuel. Cette organisation que nomme la forme ne désigne pas un être positif qui se surajouterait aux contenus épars ; son unité est une avec la diversité qu'elle organise. Dire que la mélodie n'est pas l'addition des notes mais la forme qui leur donne vie en tant que notes, c'est signifier que la mélodie est inséparable de ces notes, qu'elle ne peut être posée à côté de ce qui est mélodieux.

L'Ontologie de l'objet

Nous avons examiné les deux courants principaux qui partagent la tradition philosophique sur la question de la perception, mais c'est pour nous apercevoir que la perception y est en quelque sorte *introuvable,* toujours réduite à autre chose qu'elle-même. Elle se trouve démembrée en deux composantes, sur lesquelles les penseurs mettent alternativement l'accent, comme si chacune d'elle reconduisait inévitablement à l'autre. Réduire la perception à la sensation, comme le fait Locke, c'est ouvrir la voie à une définition de la perception par l'intellection, et s'en tenir à une telle définition, comme le fait Descartes, c'est faire ressortir la nécessité de prendre en considération le caractère sensible de la perception. Ces renversements révèlent que chacune des deux solutions est sans doute abstraite et n'est pas en mesure de rejoindre la perception effective.

Or, dans les deux cas, la perception, ouverture à quelque chose, est décrite comme présence pleine d'une "chose" : présence factuelle, au sein de la conscience, de ces choses-qualités que sont les sensations ou présence intellectuelle de l'objet à l'esprit. Le moment où quelque chose paraît avant qu'il ne se soit cristallisé en chose, moment où la conscience découvre une réalité avant de la posséder, est négligé au profit de la position d'un pur objet. Et c'est ce modèle de l'objet qui est également à l'œuvre dans la perspective empiriste puisqu'elle reconstitue le perçu à partir de ces « choses psychiques » que sont les sensations atomiques. À l'évidence, ces perspectives projettent sur l'expérience perceptive un cadre philosophique déjà constitué au lieu de rechercher au cœur de la perception ce que signifient réalité et objet.

Ce cadre philosophique recouvre une certaine idée de l'expérience, une certaine idée de l'être et, par conséquent, une conception particulière de l'acte philosophique. L'expérience ne peut avoir de sens que comme possession en transparence, remplissement du regard par l'objet. Qu'il s'agisse de la coïncidence psychique de la conscience avec la qualité sensible ou de l'adéquation intellectuelle de l'esprit à la signification, il faut que ce que le sujet atteint lui soit tout entier, de part en part présent : le moment de l'expérience se confond avec la présence

pleine de ce dont il y a expérience, que cela soit vécu ou
conçu. Autrement dit, l'expérience exclut le retrait, l'indétermination, le flou des contours, l'insatisfaction. A cette
idée de l'expérience comme ajustement exact du regard et
du regardé, remplissement, correspond une conception de
la réalité comme pure détermination, c'est-à-dire comme
objet. On l'a vu, l'empirisme reconstruit l'expérience
à partir d'atomes psychiques – comme on le ferait d'un
édifice – qui ont pour propriété d'être sans mélange, sans
indétermination, sans opacité : le rouge de l'empirisme
l'est de part en part, uniformément, et il n'est que cela.
Toute indétermination est alors à mettre au compte de la
présence d'une autre qualité se mélangeant à la première :
on doit toujours pouvoir revenir de l'impur au pur.
Cette idée de l'être est, par excellence, celle qui sous-
tend la perspective intellectualiste, pour laquelle il n'y a de
présence que renvoyant à une unité pensable. Le privilège
de l'entendement, quant à l'expérience, tient précisément
au fait qu'il réalise l'identité de l'être et de l'apparaître.
L'idée est transparente, délivre pleinement ce dont elle
est l'idée : l'idée de nombre présente le nombre lui-même
et seulement lui. Ainsi, dans ces deux perspectives, la
détermination, qui est en fait propre à l'objet, caractérise
l'être de ce qui est ; une réalité ne peut être présente que
dans la mesure où elle l'est pleinement, où elle habite donc
de part en part ce qui la présente : la présence est synonyme
de plénitude.

Une telle ontologie est commandée par une soumission non questionnée et le plus souvent inconsciente au *principe de raison suffisante*. La réalité est caractérisée du point de vue de cette question préjudicielle : « Pourquoi y a-t-il quelque chose *plutôt que rien* ? » Le sens d'être de ce qui est n'est pas tant ressaisi à même ce qui est, c'est-à-dire à ce qui paraît, que depuis un néant préalable dont l'être aurait en quelque sorte à sortir et sous la menace duquel il se trouverait toujours. Les perspectives que nous avons évoquées ont ceci de propre qu'elles ne peuvent penser l'être que sur fond de néant, comme ce qui résiste au néant. De là l'idée de l'être comme plénitude : il ne peut y avoir de négation du néant que de la part d'une pure positivité, qui soit en quelque sorte aussi positive que le néant est négatif. Dans la perspective du principe de raison suffisante, quelque chose n'*est* que dans la mesure où il comporte de quoi endiguer le risque du néant, est toute positivité, est pleinement *ce qu'*il est. Le réel est pure détermination car si la chose n'était pas de part en part ce qu'elle est, elle ne serait pas du tout. Autrement dit, il ne peut y avoir d'alternative entre l'être et le néant : tout retrait, toute indétermination sont proscrits, car la moindre négativité signifierait l'aspiration au sein du néant. Une chose n'est *pas du tout* dès qu'elle comporte *le moindre* non-être. On pourrait dire alors que toute perception en repasse par cette péripétie métaphysique : afin que quelque chose paraisse, il faut que tout en lui s'oppose au néant, qu'il soit donc pleinement ce qu'il est.

Cet horizon ontologique correspond lui-même à une certaine idée de la philosophie et, plus précisément, de la situation du penseur : la philosophie est distance, surplomb, absence d'appartenance. Le geste philosophique consiste toujours à rejoindre la position d'un observateur absolu ayant rompu tout lien avec le monde, à prendre une distance infinie vis-à-vis de ce qui est, afin précisément de l'interroger quant à son être. Le néant qui est impliqué dans le principe de raison suffisante n'exprime rien d'autre que ce désengagement du penseur, cette rupture avec le monde. En niant toute appartenance, en mettant le monde à distance, la philosophie se donne le moyen de totaliser le réel, c'est-à-dire de le faire émerger du néant. L'absence d'être par laquelle commence le philosophe est synonyme de son propre exil du monde. C'est de ce point de vue que l'on peut comprendre le privilège, souvent remarqué, que la philosophie confère à la vision. La vision est en effet une saisie à distance qui n'est pas assignée à un lieu déterminé et appréhende ainsi son objet d'un seul coup et totalement : la vision est possession à distance, possession parce que distante. Même si percevoir est aussi voir, le voir éloigne du percevoir.

Ainsi, présence d'un objet déterminé, plénitude de l'expérience, soumission au principe de raison suffisante et ubiquité du penseur circonscrivent le cadre des conceptions dominantes de la perception, qui est aussi celui de sa méconnaissance. C'est d'un même mouvement, qu'un sujet sans attaches est substitué au percevant, que le donné est reconduit à la pleine présence et que la perception est confondue avec une autre faculté. Il est donc probable qu'en tentant de retrouver la perception, nous soyons conduits à remettre en cause ce cadre philosophique.

CHAPITRE II

LA PHÉNOMÉNOLOGIE DE LA PERCEPTION

La phénoménologie de Husserl est sans doute la première grande philosophie qui ébranle sérieusement cette configuration ontologique. Elle se veut d'abord un retour à l'apparaître comme tel, à la phénoménalité des phénomènes, ce qui la conduit à une description de l'essence des vécus. Mais, dès le départ, cette orientation vers la subjectivité qui préside à l'apparaître est animée par un souci d'ordre ontologique : il s'agit d'élucider le sens d'être de ce qui est, d'abord au sein de l'univers – idéal – de la logique, puis selon toute l'extension de ce qui est. Cette double orientation, vers l'être et vers la subjectivité, ne doit pas surprendre : elle exprime ce que Husserl nomme « l'*a priori* universel de la corrélation », *a priori* selon lequel « tout étant se tient dans une corrélation avec les modes de donnée qui lui appartiennent dans une

expérience possible »[1], et dont Husserl écrit que son
élaboration fut le travail de toute sa vie. Il ne faut pas
comprendre ici que l'étant, ce qui est, se trouverait en face
d'un sujet et que le sujet aurait de fait conscience d'un
étant, qu'il se trouverait en présence de l'étant mais de
telle sorte qu'il pourrait en être autrement. Husserl veut au
contraire souligner qu'un étant quelconque ne peut être
pensé comme tel que par référence à ses modes de donnée
subjectifs, à savoir du point de vue de sa corrélation avec
un sujet, ce qui signifie que l'apparaître est une dimension
constitutive de l'être. De même, l'être du sujet et donc de
l'homme, en lequel cette subjectivité advient, ne peut être
pensé indépendamment de son rapport à un étant apparaissant, ce qui revient à dire que la conscience est par essence
portée sur le monde, qu'elle est de part en part rapport à lui.
La corrélation doit être radicalement distinguée d'une
simple rencontre avec l'objet : il s'agit bien d'une relation
essentielle et universelle. Or, nous l'avons dit en commençant, la perception nomme l'acte par lequel un sujet se
rapporte à une réalité telle qu'elle est en elle-même. On ne
sera donc pas surpris de trouver la perception au centre
d'une philosophie qui prend pour thème directeur la
corrélation du subjectif et de l'étant. Finalement, penser la
perception reviendra à élaborer de manière conséquente
cet *a priori uni*versel de la corrélation.

---

1. Husserl, *La Crise des sciences européennes et la Phénoménologie
transcendantale,* trad. G. Granel, Paris, Gallimard, 1976, p. 188.

RÉDUCTION ET INTENTIONNALITÉ

L'interrogation ontologique de Husserl passe d'abord par une critique du naturalisme, qui est l'ontologie spontanée de la science, mais aussi d'un certain nombre de courants philosophiques. Le naturalisme se caractérise par le fait que la nature physique est considérée comme la norme de ce qu'il faut entendre par être. Tout ce qui est, en tant qu'il est, doit faire partie de la nature, c'est-à-dire exister comme une chose spatio-temporelle, située à l'entrecroisement de séries causales et douée de propriétés objectives en droit accessibles à la connaissance. L'attitude du naturalisme revient finalement à conduire à son terme la téléologie implicite qui est à l'œuvre dans la vie perceptive. En effet, notre perception est vécue comme ouverture à une chose qui repose en soi, dont les propriétés ne doivent rien au regard qui les révèle et qui contient la raison des apparences sous lesquelles elle se présente à moi : l'horizon rationnel d'une détermination pleine de la chose est prescrit par la perception elle-même. La difficulté propre d'une philosophie de la perception est précisément de faire droit à ce phénomène, au vécu d'une autonomie et d'une préexistence du réel, sans pour autant le fonder naïvement sur une préexistence réelle ou naturelle.

En conférant à tout ce qui est le mode d'être de la chose physique, le naturalisme méconnaît la spécificité de la conscience. Pour lui, celle-ci fait partie de la nature, existe donc au même sens qu'une chose physique et s'en distingue seulement par cette propriété qu'ont ses événements de se rapporter à eux-mêmes, de s'éprouver. Dès lors, l'expérience ne peut consister qu'en une action du monde extérieur sur cette conscience par l'intermédiaire de son corps, grâce auquel elle appartient précisément à la nature. En agissant sur la conscience par l'entremise des organes des sens, la nature engendre une image d'elle-même, que l'on appelle une apparence. Remarquons ici à quel point l'empirisme est tributaire de ces présupposés : reconstituer la perception à partir de ces événements subjectifs que sont les sensations, c'est situer la conscience sur le même plan que la nature. Cependant, la perspective cartésienne elle-même n'échappe pas à ces présupposés puisque la conscience y est définie comme une substance, une « chose qui pense ». Pour le naturalisme, exister signifie partout la même chose : la conscience n'a alors aucune spécificité ontologique et est de part en part relative à la nature dont elle fait partie.

Il n'est pas difficile pour Husserl de mettre en évidence les inconséquences et les contradictions auxquelles une telle philosophie conduit. Retenons la plus grave d'entre elles, le scepticisme, que Husserl définit avec rigueur comme une théorie qui, dans ses énoncés, va à l'encontre de ses conditions de possibilité comme théorie[1]. Le naturalisme n'est pas en mesure de justifier la prétention à la vérité, c'est-à-dire à l'universalité, de la connaissance

1. Affirmer, par exemple, qu'il n'y a pas de vérité accessible, c'est contredire la prétention à la vérité qui est impliquée par le fait même que j'affirme.

théorique, à commencer par celle qu'il est lui-même comme philosophie. Mais, surtout, Husserl montre que l'être n'a pas une signification univoque, qu'il comporte plusieurs régions, qu'exister n'a donc pas partout le même sens. En particulier, il y a une différence ontologique cardinale entre l'être comme chose et l'être comme conscience. C'est ce qui permet à Husserl d'opérer un renversement radical du naturalisme : l'Absolu auquel tout être doit renvoyer n'est plus l'être naturel, c'est-à-dire la chose, mais bien la conscience elle-même. En effet, tout être, en tant qu'il paraît – et c'est finalement là le seul sens possible de l'être – doit renvoyer à une conscience. Être ne peut signifier qu'être pour une conscience, à condition bien sûr de ne pas comprendre cette conscience au sens, psychologique, d'une parcelle de monde. La conscience n'est pas seulement une région parmi d'autres, douée de propriétés spécifiques, elle est la région originaire ou absolue d'où toute autre région tire son sens. Autant dire que la différence ontologique entre les régions, différence qui concerne leur mode d'exister, renverra à une différence quant à leur mode d'apparaître.

Husserl nomme *époché* phénoménologique la méthode lui permettant d'accéder à cet absolu qu'est la conscience, d'où tout être tire son sens. Elle est ce qui rend possible une réflexion philosophique authentique, ce qui permet de dépasser la vie naïve et ses préjugés. L'*époché* doit notamment nous permettre de mettre à l'épreuve les présuppositions qui, nous l'avons vu, commandaient les conceptions classiques de la perception. Husserl

caractérise la vie pré-philosophique par ce qu'il nomme
« attitude naturelle », attitude qu'on peut définir comme
croyance en l'existence en soi du monde : c'est l'ontologie
spontanée de chacun qui, vivant dans la perception, a la
conviction que son regard vient sortir de l'obscurité
un objet qui lui préexistait et dont l'autonomie n'est
pas entamée par son évidente dépendance vis-à-vis
des variations subjectives. Dans l'attitude naturelle, « je
trouve sans cesse présente, comme me faisant vis-à-vis,
une unique réalité spatio-temporelle dont je fais moi-
même partie, ainsi que tous les autres hommes qui s'y
rencontrent et se rapportent à elle de la même façon » [1].

L'*époché* peut être définie comme une « inhibition »,
une « neutralisation », une « mise hors circuit » de la thèse
d'existence propre à l'attitude naturelle. Il ne s'agit donc
pas de lui ajouter une autre thèse, ni de la nier, mais,
simplement, de cesser d'en « faire usage », de cesser d'y
croire, de la dévitaliser. En effet, la fonction de cette
époché est ontologique : elle est d'interroger le sens d'être
de la réalité et, par conséquent, de mettre en question celui
qui lui est conféré dans l'attitude naturelle. C'est pourquoi
elle diffère du doute cartésien. En se demandant *si* le
monde existe, et en supposant provisoirement qu'il n'est
pas, Descartes reste sur le terrain de l'attitude naturelle :
nier l'existence du monde, c'est se donner d'emblée cette
existence au lieu d'en interroger le sens. Au contraire, la

---

1. Husserl, *Idées directrices pour une phénoménologie*, trad. P. Ricœur,
Paris, Gallimard, 1950, p. 95.

démarche husserlienne ne consiste pas à demander si le monde existe, mais *ce que signifie* exister pour le monde. Il n'est pas question de nier l'existence du monde, qui va de soi; il s'agit plutôt de se demander en quel sens ce monde existe et, notamment, s'il repose en lui-même ou renvoie au contraire à une autre sphère d'existence plus profonde. *L'épochè* neutralise donc la thèse d'existence pour ne laisser subsister que le *phénomène* de cette existence.

L'issue de l'*épochè* est naturellement comprise dans son énoncé même. Mettre ainsi entre parenthèses l'existence du monde, c'est rendre possible une conversion du regard vers ce qui, présent depuis le début, demeurait cependant inaperçu, à savoir l'apparaître ou la phénoménalité du monde, sa dimension d'être pour moi. *L'épochè* rompt en quelque sorte la fascination de la conscience pour le monde en révélant que la conscience est elle-même la condition de ce spectacle par lequel elle se trouve captée, au point qu'elle croit en dépendre. En neutralisant l'existence, l'*épochè* fait ressortir la phénoménalité du monde et met ainsi au jour la sphère de la conscience comme l'élément de cette phénoménalité; elle révèle que la thèse d'existence n'est rien pour le monde, que le sens d'être du monde est d'être pour une conscience[1]. Aussi Husserl peut-il écrire, dans les *Méditations cartésiennes,* que «l'*épochè* est la méthode universelle et radicale par

---

1. Cette équivalence entre phénoménalité du monde et être pour une conscience (ou être vécu) ne va bien sûr pas de soi. Nous y reviendrons.

laquelle je me saisis comme moi pur, avec la vie de conscience pure qui m'est propre, vie dans et par laquelle le monde objectif tout entier existe pour moi, tel justement qu'il existe pour moi[1] ». En reconduisant l'être du monde à la conscience, l'*époché* invalide définitivement l'onto-logie de la vie naturelle et, *a fortiori,* du naturalisme.

Il reste cependant à comprendre cette conscience qui porte seule la charge de l'être. La pire des erreurs serait de la concevoir comme une sphère d'être close sur elle-même, comme un réceptacle de représentations, une sub-stance ; c'est précisément dans cette erreur que tombe Descartes aux yeux de Husserl. Le but de Husserl n'est pas d'affirmer que l'accès au monde repose sur des représen-tations – ce qui peut être interprété de maintes façons différentes et ne préjuge en rien de l'être du monde. Il est de montrer que l'être même du monde consiste à être *pour* une conscience, sans se dégrader en représentation *dans* la conscience, sans cesser par conséquent d'être un monde dans la plénitude de son sens. Si le monde est pour une conscience, cette conscience est elle-même pour le monde. En effet, à la suite de Brentano, Husserl caracté-rise la conscience par *l'intentionnalité.* On désigne par là la propriété que possède la conscience de se rapporter à quelque chose, de viser quelque chose, de s'ouvrir à un autre qu'elle. Il ne s'agit donc pas d'une relation de fait entre une conscience et un objet, de telle sorte que les

---

1. Husserl, *Méditations cartésiennes,* trad. G. Peiffer et E. Levinas, Paris, Vrin, 1969, p. 18.

termes préexisteraient à la relation. L'intentionnalité caractérise au contraire *l'essence* de la conscience : la relation à autre chose qu'elle-même fait partie de son être, de sorte qu'une conscience qui ne viserait pas un objet ne serait pas une conscience. Ainsi, le vécu ne préexiste pas à la relation qui le met en présence de l'objet : cette relation fait son être. On comprend dès lors beaucoup mieux la signification de l'*épaché,* que Husserl appelle *réduction* en tant qu'elle ramène au domaine originaire de la conscience. En effet, « il est une chose que l'*épaché* concernant l'existence du monde ne saurait changer, c'est que les multiples *cogitationes* (pensées, visées) qui se rapportent au "monde" portent *en elles-mêmes* ce rapport ; ainsi, par exemple, la perception de cette table est, avant comme après, perception *de* cette table [1] ». En neutralisant l'existence du monde, on n'est pas reconduit à des représentations au sein d'une conscience substantielle ; on préserve au contraire la transcendance de ce monde puisque l'être même de la conscience consiste à se transcender vers lui. Le concept d'intentionnalité permet ainsi de concilier l'« être pour la conscience » du monde et sa transcendance comme monde, sa phénoménalité et sa consistance de monde. Le monde est, en un sens, inclus dans la conscience, en tant qu'il est *pour* elle, mais cela ne signifie pas qu'il y soit présent réellement, au même titre qu'un vécu, puisqu'il est exactement *ce qu'*elle vise : il y est seulement inclus intentionnellement.

1. *Méditations cartésiennes, op. cit.,* p. 28.

En mettant en avant cette propriété essentielle de la conscience, Husserl ouvre la voie d'une compréhension rigoureuse de la perception puisqu'en elle, précisément, une subjectivité s'ouvre à une transcendance sans cesser d'être elle-même, un monde extérieur s'offre à une conscience sans cesser de la transcender (ce qui, bien entendu, ne signifie pas que toute intentionnalité soit perceptive). Autant dire qu'une pensée rigoureuse de la perception passe par une élaboration de cette notion d'intentionnalité, à la fois évidente et énigmatique. Dans la mesure où la transcendance du monde, après l'*époché*, se trouve préservée, dans la mesure où cette transcendance est constituée au sein de la conscience, en vertu de l'aptitude qu'ont les vécus de viser quelque chose, on qualifiera la conscience qui est libérée par l'*époché* phénoménologique de « conscience transcendantale ». Le sens d'être de tout ce qui est consiste à être constitué dans cette subjectivité transcendantale, qui est bien un Absolu, non seulement au sens de ce à quoi tout est relatif mais en tant que « productivité » d'où tout être tire son être. L'*époché* qui, en un premier temps, pouvait être interprétée comme une limitation (puisqu'elle a été définie comme une neutralisation de la croyance au monde), s'avère être au contraire le moyen de libérer cette « générosité » de la vie transcendantale (l'être du monde repose sur la conscience qui le vise) : la thèse du monde dans l'attitude naturelle a la signification, seulement négative, d'une occultation, d'un oubli de soi de cette vie transcendantale.

La place de la perception

Si toute conscience vise quelque chose, tout ce qui est visé n'est pas perçu. Il est donc nécessaire de déterminer la place et le rôle exacts de la perception. L'intentionnalité caractérise l'acte psychique, quel qu'il soit : tout désir est visée d'un désiré, toute joie visée d'une réalité réjouissante, etc. Cependant, si tout acte psychique est bien intentionnel, toute intentionnalité ne nous met pas d'elle-même en présence de l'objet qu'elle vise. Husserl reprend ici à son compte le second trait par lequel Brentano caractérisait les actes psychiques : « Ou bien ils sont des représentations, ou bien ils reposent sur des représentations qui leur servent de base », ce qui signifie que « rien ne peut être jugé, mais rien ne peut être non plus désiré, espéré ou craint, s'il n'est pas représenté »[1]. Ainsi, l'objet du désir doit d'abord être objet pour être désiré ; ce ne peut être le désir qui, par lui-même, fait apparaître son propre objet comme tel. Husserl doit donc dégager une certaine catégorie d'actes qui, ayant pour fonction de représenter l'objet, jouent le rôle de soubassement vis-à-vis de tous les autres actes. Husserl les appelle « actes objectivants », pour signifier que leur fonction est de nous mettre en rapport avec l'objet comme tel : ils correspondent à l'activité *théorique* (au sens originaire du *voir*) qui considère, envisage l'objet au lieu justement de le désirer ou de le

---

1. Husserl, *Recherches logiques V,* § 10, trad. H. Elie, A. Kelkel, R. Schérer, Paris, P.U.F., 1961, p. 172.

vouloir. Seulement, l'objet lui-même peut nous être présent de plusieurs manières. Lorsque, par exemple, je décris une situation sans en avoir à proprement parler une représentation, sans me la figurer, mes mots conservent un sens : ils visent l'objet sans l'atteindre, sans qu'il soit pour autant présent, ils le visent en quelque sorte « à vide ». On appellera de tels actes des actes *significatifs* (ou *signitifs*) par référence aux actes de signification que l'on trouve dans l'expression linguistique, en lesquels l'objet est visé par l'intermédiaire du signe et non pas présent en lui-même. A ceux-ci on opposera les actes *intuitifs,* qui viennent « remplir » ou « réaliser » la signification parce qu'ils mettent en présence de ce qui était simplement visé. Je parle à quelqu'un de tel paysage, qu'il vise à vide, sans même parvenir à s'en faire une image ; lorsque je l'y conduis, l'acte perceptif, qui donne l'intuition de ce qui était simplement visé, va remplir l'acte significatif, donner une réalité au sens de mes mots, leur conférer une plénitude. Comme le terme l'indique, l'intuition est ce qui rend présent à l'objet (ou l'objet présent à moi) ; en remplissant la signification, l'acte intuitif va donc assurer la fonction de connaissance, adéquation de l'esprit et de la chose.

Cependant, l'objet peut être présent (intuitionné) de deux manières : en image ou bien en personne, « en chair et en os ». Dans le premier cas, on parlera d'imagination ou de souvenir (présentifications), dans le second, on parlera de perception (présentation). La perception est donc une espèce particulière d'intuition, à savoir *l'intuition donatrice originaire* : elle donne l'objet *lui-même, et en original*. « Le propre de toute conscience percevante, écrit Husserl, est d'être la conscience de la présence corporelle en personne d'un objet individuel »[1] : c'est précisément par ses caractères *sensibles* qu'elle nous met en présence de l'objet en personne. On le voit, la place de la perception est primordiale puisqu'elle est finalement l'acte qui nous met *en présence de l'être*. Elle est l'acte fondamental, à la fois au sens ontologique, car elle donne l'être, et méthodologique, puisque « toute intuition donatrice originaire est une source de droit pour la connaissance »[2].

En vérité, toute intuition, même donatrice originaire, n'est pas sensible. En effet, les actes de *signification* ne se contentent pas de viser des objets individuels ; ils mettent également en jeu des catégories (le, un, quelques, être, partie de, etc.). Or, ces moments catégoriaux de la signification sont susceptibles d'être remplis, au même titre que les individus. Il faut donc admettre, parallèlement à l'intuition sensible qui donne l'individu existant, l'existence d'une intuition catégoriale qui rend présente la catégorie, intuition par laquelle cette réalité idéale qu'est la catégorie se trouve donnée en personne. Autrement dit, il est nécessaire de procéder à une extension du concept de perception : de la perception au sens étroit qui est aussi le sens propre, perception sensible, on distinguera la perception au sens – large – de l'intuition catégoriale.

---

1. *Idées directrices pour une phénoménologie, op. cit.,* p. 126.
2. *Ibid.,* p. 78.

Dans la perception sensible, «la chose extérieure nous apparaît d'un seul coup, dès que notre regard tombe sur elle»[1] : la perception sensible est un rapport immédiat à l'objet. L'intuition catégoriale est, au contraire, une intuition médiate car les actes catégoriaux sont des actes *fondés*. Soit la relation du type «a est partie de A». Comment cette catégorie («partie de») est-elle appréhendée? Un acte perceptif saisit A d'un seul coup et de manière directe. Un second acte de perception se porte sur a, afin de le détacher du fond que constitue A, et c'est d'un certain fusionnement de ces deux actes que naît l'appréhension de a comme «étant compris dans A». Il faut retenir de cette analyse, en réalité très complexe, que l'intuition catégoriale est toujours fondée sur une perception au sens strict, c'est-à-dire sensible. Si la perception sensible n'épuise pas le champ de l'intuition donatrice originaire, elle est néanmoins *fondatrice* à l'égard de toute intuition non sensible.

Husserl confère ainsi à la perception un statut primordial. Elle est la mise en présence, en original, d'un objet qui, dès lors, n'est pas nécessairement sensible. Pour la première fois, la définition de la perception se voit détachée de la référence à la sensibilité. La perception est ce qui donne l'objet en personne, en chair et en os et c'est donc seulement dans la mesure où elle garantit cette originarité en situant l'objet ici et maintenant que la sensibilité a une fonction privilégiée. D'autre part, cette caractérisa-

1. *Recherches logiques VI*, § 47, *op. cit.*, p. 181.

tion de la perception permet à Husserl de faire droit à la distinction entre le sensible et l'intelligible et d'accorder à l'intelligible une positivité que ne lui reconnaissait pas l'empirisme. Pour autant, il ne confère pas à l'intelligible une véritable autonomie : selon lui, l'intelligible s'engendre sur la base du sensible qui le fonde, en quoi Husserl s'écarte du platonisme. Toute visée renvoie ultimement à une perception, qui est comme le substrat de la vie intentionnelle. Il reste donc à comprendre comment la perception donne la chose « en chair et en os ».

LA DONATION PAR ESQUISSES

Dans la perception, la chose est présente elle-même, « en personne ». Et pourtant, elle n'y est pas présente *tout entière*, possédée *de part en part*. Telle était la limite fondamentale de toute la tradition classique concernant la perception : une réalité ne pouvait être présente comme telle, en personne, qu'à la condition de l'être en totalité, c'est-à-dire possédée adéquatement. C'est pourquoi la perception, qui atteint la chose en son existence, devient inévitablement une intellection qui donne la chose de manière adéquate, sans reste. Or, le génie de Husserl, concernant la perception, tient au fait qu'il *disjoint ces deux dimensions*. Que la chose soit présente *elle-même* (plutôt que signifiée ou présente en image) dans la perception, ne signifie pas qu'elle y soit présente *en elle-même* (plutôt qu'en partie, selon un point de vue). La présence perceptive de la chose n'équivaut pas à une possession sans reste : que la chose *soit* là ne veut pas dire que je la *trouverai* là. Bien au contraire, si la perception saisit la chose même, celle-ci n'y est cependant jamais présente tout entière. A bien y penser, ces deux caractères, loin de s'opposer, s'appellent mutuellement. Si tant est qu'une chose (un « quelque chose ») est bien une réalité *transcendante,* autrement dit se distingue de mes vécus, elle ne sera présente comme chose qu'à *la condition de ne pas l'être tout entière*, de différer une donation adéquate, de résister à l'appropriation. Une chose n'est donnée vraiment, elle-même, qu'en ne l'étant que partiellement puisque le propre de la chose est de s'opposer au regard, de me transcender.

En caractérisant l'essence de la chose, par différence avec celle du vécu (qui est tout entier présent dans son être-vécu, qui est identité de l'être et de l'apparaître), comme ce qui se donne *par esquisses,* Husserl explicite cette intuition centrale. Soit cette table que j'ai sous les yeux. Je peux en faire le tour, m'en éloigner ou m'en approcher, la caresser de la main, etc. : j'ai sans cesse conscience de l'existence d'une seule et même table, alors même que la perception de cette table ne cesse de varier. Tel est, rigoureusement, le mystère de la perception. La « solution » de Husserl n'est justement pas de trouver une solution, comme s'il y avait là un problème (il n'y a de problème que pour une philosophie fondée sur l'alternative rigide de l'un et du multiple, de l'être et du devenir, etc.), mais simplement de comprendre que ce « mystère » est l'essence de la perception, et d'en tirer alors les conséquences. Distinguons donc la *perception* de cette table, vécus changeants s'écoulant dans le temps, de la table perçue, qui demeure identique au sein de ces variations. On dira que cette table *s'esquisse* dans une multiplicité de vécus. Que signifie ce terme d'esquisse ? Chaque vécu est vécu de la même table : il n'en est pas une simple représentation, il se dépasse au profit de la table, il ouvre sur sa présence, ou plutôt, il en est la présence même. En chaque esquisse, la table est présente, tout comme, en peinture, l'esquisse est déjà le tableau qu'elle deviendra. Mais, d'autre part, l'esquisse n'est *qu'*une esquisse – elle n'est pas encore le tableau auquel elle donnera lieu – ce qui signifie qu'elle est tout autant *esquive*. L'esquisse ne présente pas la table telle qu'elle est en elle-même, mais seulement d'un certain point de vue, sous un certain aspect. Si l'esquisse montre la table elle-même, elle en voile tout autant la présence en ce qu'elle en diffère la pleine apparition. Ainsi, à la fois, l'esquisse s'efface au profit de l'objet et efface l'objet au profit de l'aspect sous lequel elle le présente. Elle présente l'objet en en différant la présence pleine, en en préservant donc la transcendance : dans cet apparaître qu'est l'esquisse, l'objet se présente, mais comme toujours *autre que ce qui le présente*. L'ambivalence du perçu se concentre dans cette mystérieuse esquisse qui est *et* n'est pas l'objet ; elle présente l'objet, *mais* sous tel aspect, de sorte que cet objet recule derrière sa propre présence. Elle est l'identité de la transparence et de l'opacité.

Or, en tant que l'esquisse montre l'objet et en diffère la présence, elle s'en trouve à la fois infiniment proche et infiniment loin et appelle par conséquent une multiplication infinie des vécus, un cours d'esquisses toujours nouvelles explicitant l'objet, afin de combler en quelque sorte l'écart insaisissable et infranchissable entre la chose et sa manifestation. À chaque instant, la chose est là, à portée de main, et s'offre donc à une nouvelle perception qui, tout en m'ouvrant elle aussi à cette chose même, ne m'en rapprochera pourtant pas d'un pouce. Chaque aspect nouveau, qui retient encore en lui ceux qui viennent de s'écouler, annonce ou prescrit un style de déroulement des aspects futurs, un mode déterminé d'apparaître, qui sera confirmé ou infirmé lorsque ce futur deviendra présent. L'esquisse ne peut donc vraiment se comprendre que du point de vue du *temps* : c'est en lui et en lui seulement qu'une conciliation de cet être (elle est la chose) et de ce non-être (elle n'est pas la chose) est possible ; l'être apparemment contradictoire de l'esquisse exprime en réalité l'être ambigu du temps. En effet, tel présent, en tant que temporel (et non cette éternité, dont parle saint Augustin, dans laquelle nous serions irrémédiablement enfermés), c'est-à-dire en tant qu'il passe, est déjà passé et empiète par conséquent sur son propre avenir : il glisse vers son horizon d'avenir, il est ce qu'il sera. Mais, d'autre part, dès lors que le temps s'écoule et n'est donc pas donné d'un seul coup, dire que je suis au présent, c'est reconnaître que l'avenir n'est pas encore advenu : le présent n'est pas ce qu'il sera. Il est son propre avenir puisqu'il passe, c'est-à-dire se dépasse vers lui, et il ne l'est pas, dès lorsque c'est précisément *ce* présent qui passe. Du point de vue du temps, il devient alors compréhensible que l'esquisse se dépasse au profit de l'objet sans pour autant être absorbée en lui, de telle sorte qu'elle en diffère sans cesse la pleine présence : le présent dans lequel elle est vécue est et n'est pas son propre avenir.

Il reste que cette première description de l'esquisse est encore abstraite et qu'il est nécessaire de mettre en évidence ce qui compose la perception. L'esquisse est un donné de sensation, c'est-à-dire un vécu sensible, que Husserl nomme matière ou *hylè*. Il faut établir ici une distinction que nous avons déjà pressentie. Lorsque je dis « j'entends », je peux vouloir signifier deux choses : « je suis sensible à des sons, j'éprouve du sonore », mais aussi : « je perçois tel bruit, j'entends telle symphonie ». Ainsi, par matière (de la perception), Husserl entend le moment de la sensation comme telle et non pas l'aspect de l'objet qui est senti (on dira « perçu ») en elle, par son entremise. C'est le moment de la réceptivité proprement dite, qui assure la dimension *intuitive* de la perception – de remplissement, de mise en présence de la chose même – moment qui ne peut cependant donner lieu par lui-même à quelque chose d'objectif, de transcendant au vécu. Il ne faut donc pas confondre la sensation du rouge, qui n'existe que comme vécu, et le rouge perçu (par exemple comme couleur de cette table), qui, lui, existe spatialement : l'esquisse est sentie mais non perçue, elle rend un objet présent mais elle n'apparaît pas elle-même. Ces données matérielles ou hylétiques sont animées, dit Husserl, par des appréhensions, actes qui leur confèrent le statut de manifestation d'un objet, d'apparaître de quelque chose, qui assurent par conséquent la fonction perceptive proprement dite. Grâce à ces actes, qui sont également des vécus immanents, réellement présents en nous, c'est-à-dire appartenant au tissu de la conscience, les données sensibles sont animées d'un sens, peuvent exercer une fonction « figurative » ou « ostensive », qui consiste à mettre en présence de quelque chose : par ces actes, que Husserl nomme « noèses », le vécu s'efface au profit de l'objet, il esquisse quelque chose. Ce sont donc ces actes qui portent la charge de l'intentionnalité, qui confèrent aux vécus sensibles le pouvoir de se dépasser vers un objet dont ils deviennent alors les aspects. Les noèses sont aux contenus hylétiques comme une forme vis-à-vis d'une matière. Quant à l'objet lui-même, qui est esquissé par les contenus sensibles, autrement dit visé par la noèse, Husserl l'appelle « noème » : le noème, c'est le perçu comme tel. Alors que les deux premiers moments sont réellement inclus dans la conscience, c'est-à-dire sont véritablement des vécus, le noème ne lui appartient que comme son pôle intentionnel.

Il faut reconnaître dans cette analyse, par-delà sa technicité, une description absolument respectueuse de l'apparaître perceptif. En effet, d'un côté, l'apparaître est bien apparaître de quelque chose : grâce à la noèse, les vécus sensibles peuvent esquisser une unité noématique. De l'autre, la chose n'a de sens que comme chose apparaissante : l'unité du noème ne peut s'esquisser que sur la base de vécus hylétiques ; elle dépend tout entière des moments sensibles en lesquels elle se présente. Bref, en vertu de cette unité entre *hylè* et noèse – il n'y a de matière qu'animée par une forme, mais il n'y a de forme qu'animant une matière –, transcendance de la chose et manifestation sensible ne font pas alternative. On mesure ici la distance qui sépare cette perspective de la conception classique, par exemple cartésienne, de la perception. La donation par esquisses ne signifie en aucun cas une limitation de la subjectivité dans sa connaissance de l'objet : comme le note Husserl, « ce n'est pas une propriété fortuite de la chose ou un hasard de "notre constitution humaine" que "notre" perception ne puisse atteindre les choses elles-mêmes, que par l'intermédiaire de simples esquisses » [1]. L'esquisse n'a donc en aucun cas le statut des *apparences* sous lesquelles se donnait la cire, apparences qui ne présentaient pas la cire elle-même – qui n'est accessible qu'à l'entendement – mais n'exprimaient que la finitude de notre connaissance, notre condition incarnée. Chez Descartes, Dieu va droit à la cire comme fragment d'étendue sans en passer par des aspects sensibles. Pour Husserl, au contraire, la donation par esquisses qualifie *l'essence* même de la chose : une réalité qui ne se donnerait pas par esquisses, dont l'être se confondrait avec l'apparaître, qui serait donc tout entière présente en sa manifestation, ne serait pas une chose perçue mais un

---

1. *Idées directrices pour une phénoménologie*, *op. cit.*, p. 137.

vécu. C'est finalement cette confusion qui était à la racine
de la conception classique de la perception : une chose ne
pouvait être donnée que si elle était susceptible, au moins
en droit, d'être présente à l'esprit comme l'esprit l'est
à lui-même, et c'est pourquoi son essence devait être
rapportée à l'étendue géométrique. Dès lors, Husserl peut
affirmer que, même à Dieu, la chose se donnerait par
esquisses : refuser cette conséquence reviendrait à admettre que ce qui est pour nous transcendant peut appartenir
réellement à une conscience, tout au moins divine, bref à
confondre encore chose transcendante et vécu immanent.
La donation par esquisses qualifie bien l'essence de la
chose perçue et non les conditions contingentes de notre
connaissance de cette chose. En tant que transcendante,
la chose excède toute expérience qui peut en être faite,
et cet excès est sans mesure, l'écart entre la chose et sa
perception singulière ne saurait être réduit. Pour le dire
autrement, l'esquisse ne doit pas être confondue avec un
signe ou une *image*. D'un signe ou d'une image, la chose
même est absente, ce qui signifie que je peux la rendre
présente, la rejoindre elle-même : l'absence est ici l'envers
d'une présence possible. Au contraire, l'esquisse est une
manifestation de la chose même en laquelle sa transcendance se trouve préservée : dans cette mesure, la présence
de la chose comporte une dimension d'absence que je ne
peux combler, qui n'est pas l'envers d'une autre présence
possible. L'excès de la chose sur l'esquisse ne correspond
pas à la transcendance d'un transcendant qui pourrait être
rejoint ailleurs ou autrement. L'esquisse n'est en aucun

cas ce qui tient lieu d'une réalité absente mais l'unité originaire d'une présence et d'une absence : ainsi, Husserl peut
concilier, au sein du perçu, la dimension de la transcendance et celle de la manifestation.

De là les deux caractères essentiels que Husserl
confère à la chose perçue : l'inadéquation et la contingence. La donation d'une chose est indéfiniment imparfaite car il subsiste toujours un horizon d'indétermination,
susceptible d'être déterminé par de nouveaux aspects. Il
ne s'agit pas là d'un caractère de la connaissance mais bien
d'un trait du perçu lui-même : donné par esquisses, il est
toujours en retrait (ou en excès) sur lui-même ; on ne peut
achever le cours des esquisses par une possession adéquate de la chose. Corrélativement, il peut toujours se
produire que le cours ultérieur de l'expérience vienne
infirmer ce qui avait été visé jusqu'ici en vertu de la
convergence des esquisses : ce que j'avais accepté comme
réel peut s'avérer n'être qu'un simulacre. La réalité de la
chose demeure toujours une réalité seulement présumée ;
la perception comporte par principe le risque de l'illusion.
Ainsi, aussi étrange que cela puisse paraître, la possibilité
que la chose ne soit pas caractérise le *mode d'exister* de
cette chose : la contingence ne désigne plus un rapport
entre l'essence et l'existence mais une détermination de
l'existence elle-même.

La perspective husserlienne nous permet de franchir
un pas considérable par rapport à la conception classique
de la perception, dont elle parvient à dépasser les
alternatives.

En montrant que le vécu de sensation est animé par une appréhension, Husserl dépasse l'empirisme. La chose n'est pas une collection de sensations atomiques, mais le Même que chacune d'elles manifeste, qui est visé en chacune d'elles. Husserl fait donc droit aux exigences de l'intellectualisme : il ne peut y avoir de perception que comme appréhension d'un sens unitaire. Cependant, ce sens n'est pas un être positif, accessible à l'entendement. En effet, si la noèse vient certes animer une matière sensible, cette noèse est à son tour tributaire de cette matière puisque l'unité de la chose est une unité seulement esquissée dans des aspects sensibles, puisque le caractère partiel de notre perception définit l'essence de la chose transcendante. De ce point de vue, Husserl se rapproche de l'empirisme : la réalité du perçu est inséparable de sa donation sensible. La théorie des esquisses permet de penser le perçu par-delà l'opposition de la diversité pure et de l'unité positive, de la coïncidence sensible et de l'existence objective, opposition dont on sait qu'elle recouvrait une complicité. Avec Husserl, la perception *a cessé d'être introuvable.* Au lieu d'être réduite aux sensations ou bien à l'acte d'intellection, elle apparaît comme une intentionnalité spécifique, à partir de laquelle on peut rendre compte de l'unité et de la diversité, du sens et du sensible, à titre de moments abstraits.

DIFFICULTÉS

Il ne faut pas minimiser l'avancée que représente la philosophie de Husserl quant au problème de la perception. Elle revient à mettre radicalement en question le naturalisme qui sous-tendait les conceptions antérieures de la perception. Par l'*époché*, elle libère la sphère de l'apparaître et, grâce au concept d'intentionnalité, parvient à élaborer la corrélation universelle du sujet et de l'objet. La théorie de la donation par esquisses, qui décrit l'intentionnalité en contact avec une réalité, permet de rendre compte de l'activité perceptive en son originalité. On peut cependant se demander si la conceptualité mise en œuvre par Husserl ne demeure pas en retrait sur son intuition centrale concernant la perception. Que la théorie de l'intentionnalité perceptive ouvre la voie d'une authentique philosophie de la perception et soit bien ce qu'il y a à penser, cela ne fait aucun doute et c'est en quoi l'acquis husserlien est définitif. Seulement, on ne trouve pas chez Husserl une élaboration véritablement satisfaisante de l'être même de l'intentionnalité, qui mette en évidence ce qui est impliqué par l'idée d'esquisse. Ces notions centrales sont ressaisies à l'aide de catégories dont on peut se demander si elles ne conduisent pas à déformer ou fausser l'intuition que ces notions recouvrent. Mais, affirmer que la thématisation husserlienne de la perception demeure bien en retrait sur l'intuition qui la nourrit, c'est finalement reconnaître qu'il n'échappe pas aux critiques qu'il adresse à ses prédécesseurs, qu'il demeure donc tributaire de l'empirisme et de l'intellectualisme qu'il prétend dépasser. Pour le dire rapidement, il nous semble qu'en maintenant l'horizon d'une détermination pleine de l'objet – horizon qui est sans doute inhérent au caractère représentatif de la perception – et, corrélativement, en subordonnant l'apparaître à un ensemble de vécus positifs, Husserl démembre l'intentionnalité perceptive et s'interdit par là même de penser vraiment ce qui est impliqué par cette idée d'une perception où s'esquisse un objet.

Tout d'abord, l'horizon d'une donation adéquate de la chose perçue n'est pas absent de la construction husserlienne; il se trouve même expressément requis. La théorie des esquisses signifie que, alors même que chacune d'elles nous présente la chose, ou plutôt pour cette raison, leur cours ne nous en rapproche pas; toute ostension est en même temps un voilement. Mais alors, cela a-t-il encore un sens de parler d'*inadéquation* et d'*imperfection* à propos de la perception de la chose? Si le choix des mots n'est pas innocent, il faut admettre que la théorie des esquisses demeure tributaire de ce qu'elle est censée récuser, à savoir l'idée d'un affleurement progressif de la chose même à travers le cours des apparences. Parler d'inadéquation, c'est en effet se référer à l'horizon d'une adéquation possible et régresser alors vers une conception des esquisses comme aspects nous rapprochant d'une possession pleine de l'objet lui-même. Dire que l'esquisse donne imparfaitement ou inadéquatement la chose, c'est partager la perspective classique d'une connaissance subjective s'emparant d'un objet autonome qui serait, en droit, pleinement déterminable. Ainsi, en toute rigueur, si les esquisses sont vraiment « imparfaites » ou « inadéquates », au sens où l'objet s'absente nécessairement de ce qui le présente, il faut renoncer aux *termes* mêmes d'inadéquation et d'imperfection, puisque la possibilité qu'ils indiquent négativement n'en est plus une.

Mais ce vocabulaire n'est pas accidentel. En effet, Husserl s'interroge par ailleurs sur la signification de la raison et remarque qu'elle implique l'idée d'une existence véritable de l'objet, sans laquelle parler de vérité n'aurait aucun sens. Ainsi, « à tout objet qui existe véritablement correspond par principe l'idée d'une conscience possible dans laquelle l'objet lui-même peut être saisi de façon originaire et dès lors parfaitement adéquate »[1]. Ce qui est impliqué par la possibilité d'une connaissance rationnelle semble bien entrer en conflit avec les traits spécifiques de la donation perceptive. N'insistons pas sur la solution proposée par Husserl pour concilier ces deux exigences[2]. Retenons seulement le sentiment d'une tension entre le respect de l'expérience perceptive et, d'autre part, une conceptualité, issue du rationalisme, qui demeure prisonnière de ce « positivisme » du sens dont nous avons vu qu'il avait sa source dans le principe de raison suffisante, qui tend donc à subordonner la perception à une connais-

---

1. *Idées directrices pour une phénoménologie, op. cit.*, p. 478.
2. Elle consiste à maintenir la possibilité d'une donation adéquate de la chose perçue sous forme d'Idée au sens kantien, à savoir de ce qui est pensable sans pour autant être effectivement réalisable.

sance en laquelle la chose serait présente sans reste. Seulement, cette tension n'est-elle pas inévitable dès lors que la perception est définie, comme c'est effectivement le cas chez Husserl, comme perception de *choses* (on l'a vu, la perception est, par excellence, un acte *objectivant*)? En parlant de chose, c'est-à-dire d'une entité close, finie et pleinement déterminable parce que douée de propriétés spécifiques, n'ouvre-t-on pas nécessairement la perspective d'une donation adéquate? N'y aurait-il donc pas une incompatibilité essentielle entre la théorie de la donation par esquisses et le maintien de la catégorie de chose? Le perçu, le «quelque chose», ne serait-il pas tout autre qu'une chose?

D'autre part, la description que donne Husserl de la subjectivité est-elle cohérente avec sa théorie de la perception? Si, comme on l'a vu, l'objet tend à s'autonomiser par rapport à son apparaître, n'est-ce pas parce que l'apparaître lui-même a d'abord été *autonomisé vis-à-vis de tout objet,* c'est-à-dire réduit à un ensemble d'événements subjectifs? En effet, Husserl décrit l'intentionnalité perceptive comme l'articulation entre deux catégories de vécus, les donnés sensibles et les actes noétiques, actes qui assurent la fonction intentionnelle. Or, ces vécus, Husserl le répète sans cesse, sont en droit accessibles à la réflexion, susceptibles de faire l'objet d'une «perception interne»: la réflexion sur les vécus, qui est à la racine même de la phénoménologie, est fondée dans l'être même de ces vécus, caractérisé par la présence à soi, l'identité de l'être et de l'apparaître. Une telle description – qui ressemble à une reconstitution – à partir des vécus sensibles et des noèses laisse perplexe. Comment ce qui a d'abord été séparé peut-il être vraiment unifié ? Comment les contenus sensibles peuvent-ils être animés par l'appréhension, c'est-à-dire devenir aspects de l'objet, s'ils ne l'ont pas toujours déjà été ? Si vraiment on peut distinguer les données hylétiques, on ne voit pas comment un acte pourrait leur conférer, en quelque sorte de l'extérieur, la fonction de manifestation qui leur manque d'abord ? Autrement dit, il est légitime de questionner la pertinence de la distinction entre le donné sensible immanent et l'aspect correspondant de l'objet, entre le rouge comme vécu et le rouge comme spatial. Que peut bien signifier en effet un rouge qui serait strictement vécu sans être perçu, autrement dit sans être ce rouge là-bas, le rouge de cet objet ? Cette distinction, sur laquelle Husserl a d'ailleurs longuement hésité, apparaît comme une concession à l'idée empiriste des sensations, comprises comme des contenus sensibles immanents.

C'est la noèse qui assure la fonction de manifestation, d'ouverture à l'objet. Cette noèse est, elle aussi, un vécu immanent, réellement contenu dans la conscience. Mais on se demande comment un vécu immanent serait en mesure de faire apparaître une transcendance, c'est-à-dire finalement de faire sortir la conscience d'elle-même. N'y a-t-il pas une difficulté à penser comme *contenu* de conscience l'acte sur lequel repose le rapport de la conscience à son autre ? Ou plutôt, ce rapport peut-il être pensé comme le fait de la conscience, à savoir comme reposant précisément sur un acte? Cette abstraction qu'est la « matière » appelle cette contre-abstraction qu'est la noèse qui doit l'animer. Mais, en réalité, la noèse apparaît comme la projection après coup, au sein de la conscience, de l'objet perçu : puisqu'il faut tout reconstruire à partir de contenus immanents, on postulera l'existence d'un vécu qui a pour fonction de délivrer l'objet comme tel, après avoir postulé celle de vécus portant la charge de la présence sensible. Or, comment de tels vécus pourraient-ils bien permettre à la conscience de se porter vers un objet extérieur? Husserl organise finalement une cohabitation de l'empirisme et de l'intellectualisme plutôt qu'il ne les dépasse vraiment. L'opposition et la complicité de l'empirisme et de l'intellectualisme est intériorisée au sein de la conscience transcendantale sous la forme de la dualité et de l'unité finalement incompréhensibles de la matière et de la forme.

Husserl se trouve conduit à ces difficultés en vertu d'un glissement par lequel il passe du champ phénoménal, de l'apparaître comme tel, libéré par la réduction, à la *position d'une conscience* « remplie » de vécus, chargée en quelque sorte de porter cet apparaître. En vérité, l'apparaître comme tel demeure insaisissable, en tout cas irré-ductible à une quelconque positivité, puisque toute son essence consiste à manifester autre chose, à s'effacer au profit de ce qu'il fait apparaître. Le mystère de l'apparaître réside justement en ceci que nous ne le distinguons que pour reconnaître aussitôt son identité à ce qui apparaît. Mais, Husserl ne respecte pas l'évanescence de l'apparaître et le subordonne à cet être positif qu'il appelle vécu de conscience : il méconnaît l'autonomie du phéno-ménal et l'étaye alors sur un être réel, à savoir le vécu. Le subjectif, qui semblait d'abord désigner le caractère phénoménal du monde, c'est-à-dire le monde *en tant qu'il apparaît,* l'élément de sa présence, en vient à désigner la propriété d'un être, la subjectivité, et on se trouve ainsi : devant la nécessité de comprendre comment des contenus subjectifs peuvent bien faire apparaître un transcendant. Husserl demeure tributaire d'une métaphysique de la conscience, qui lui confère le statut d'un être positif. La certitude de soi, propre au moi, est d'emblée interprétée comme auto-donation, perception de soi, c'est-à-dire présence d'un objet, même si celui-ci n'est autre que le vécu lui-même. Ce faisant, Husserl s'expose à l'accusa-tion d'inconséquence puisqu'il *reconstitue l'apparaître avec de l'apparaissant,* fabrique de la perception avec du perçu – et le fait que ce perçu soit un objet « interne », à savoir un vécu, n'y change rien. En cela, Husserl ne dépasse que partiellement les perspectives qu'il récuse. Comme le dit très bien Jan Patočka, « il y a un champ phénoménal, un être du phénomène comme tel, qui ne peut être réduit à aucun étant qui apparaît en son sein et qu'il est donc impossible d'expliquer à partir de l'étant, que celui-ci soit d'espèce naturellement objective ou égologi-quement subjective »[1]. Ainsi, tout comme la spécificité du

1. Jan Patočka, *Qu'est-ce que la phénoménologie ?,* trad. E. Abrams, Grenoble, Millon, 1988, p. 238.

perçu était finalement compromise car soumise au modèle de l'objet, celle du percevant – c'est-à-dire de l'intentionnalité – l'est également et pour la même raison : la perception est réduite à l'être positif du vécu. Ces deux échecs sont corrélatifs : en situant le perçu *au-delà* de l'événement de son apparaître, en en faisant un objet, on saisit inévitablement le percevant *en deçà* de cet événement, on en fait un être positif, celui du vécu, et on se trouve alors confronté à la question urgente et insoluble de leur rencontre. Pour toutes ces raisons, on peut conclure que Husserl s'interdit de penser jusqu'au bout cette perception dont il a pourtant, le premier, dégagé la spécificité.

CHAPITRE III

LA VIE PERCEPTIVE

Malgré l'incontestable avancée qu'elle représente dans la compréhension de l'originalité de la perception, la perspective husserlienne partage avec les conceptions antérieures un certain nombre de présupposés fondamentaux, naturellement solidaires. Le perçu est d'emblée identifié à l'objet, le « quelque chose » qu'atteint la perception est une chose. La perception, quant à elle, est un acte objectivant – et même le premier d'entre eux – c'est-à-dire une représentation. Enfin, le percevant est d'emblée caractérisé comme subjectivité ou conscience. Nous avons vu que, en vertu de ces assimilations non questionnées, la perception elle-même était manquée, réduite finalement à une connaissance objective s'appuyant sur des sensations, ce qui revenait à donner raison à la fois à l'empirisme et à l'intellectualisme au lieu de s'interroger sur leurs présupposés communs. Si nous voulons avoir une chance de comprendre la perception, il nous faut donc nous confronter à ces pseudo-évidences et d'abord à la première d'entre elles, évidence selon laquelle c'est une subjectivité qui perçoit. À vrai dire, ce n'est pas tant la subjectivité qui est ici en question que le *sens de son être.* Comme le note Heidegger au début de *Être et Temps,* on n'a pas avancé d'un pas dans la détermination de la *cogitatio* (de la pensée du «je» cartésien, du «je» qui pense), à savoir, pour nous, de la perception, tant qu'on n'a pas déterminé l'être du *sum* (dans *cogito, ergo sum*), autrement dit tant qu'on n'a pas précisé en quel sens est celui qui pense ou perçoit. Le tort de Husserl est précisément de déterminer par avance l'être du sujet percevant de manière objectiviste (ou «positiviste») en en faisant le lieu des vécus : le sens d'être de la conscience demeure compris comme substantialité. En cela, Husserl n'échappe pas au cartésianisme, plus précisément à une forme subtile de ce réalisme transcendantal qu'il dénonce pourtant chez Descartes.

Il est donc indispensable de laisser de côté ces présupposés et, au lieu de se donner les vécus comme le seul sens possible de la subjectivité, de poser simplement la question : *qui* perçoit ? La réponse s'impose : c'est un *vivant* qui perçoit. Notons que cette réponse était déjà celle d'Aristote pour qui l'âme, avant d'être et pour être capable de percevoir ou de connaître, était définie comme la forme d'un corps organisé, c'est-à-dire vivant. L'âme renvoie d'abord à l'être animé plutôt qu'à la connaissance : le connaître est pour Aristote une dimension du vivre. Il nous faut donc montrer maintenant que c'est à la condition de

penser le sujet de la perception comme *vivant*, la perception comme impliquant par conséquent un *mouvement* et
le perçu comme *monde*, que l'on pourra accomplir ce qui
n'était encore que pressenti par la phénoménologie
husserlienne. C'est alors seulement que nous pourrons
opposer à la plénitude de l'objet sorti du néant par un
regard purement théorique un monde dont la profondeur
et l'indétermination répondent à l'insatisfaction qui
caractérise la vie.

LE TOURNANT BERGSONIEN

Dans *Matière et Mémoire,* Bergson s'écarte
résolument de toute la tradition en abordant précisément la
perception à partir de la vie. Le réalisme et l'idéalisme ont
en commun de penser la perception comme l'acte par
lequel le monde – réalité en soi – se double d'une représentation de lui-même, par l'entremise de cette partie du
monde qu'est le corps propre et, plus particulièrement, le
cerveau. La perception recouvre toujours une rencontre
ou une harmonie entre le cours des représentations et la
réalité. Or, une telle perspective, dont Bergson montre
qu'elle débouche sur des problèmes insolubles, est commandée par un présupposé fondamental : « La perception a
un intérêt tout spéculatif, elle est connaissance pure. [...]
Percevoir signifie avant tout connaître »[1]. C'est ce

---

1. Bergson, *Matière et Mémoire,* Paris, P.U.F., 1968, p. 24.

présupposé que Bergson s'attache à invalider, ce qui lui permet de rendre compte de la perception sans en passer par ce postulat, incompréhensible, d'une naissance de représentations au sein du cerveau. Selon Bergson, la perception doit être saisie du point de vue de la vie, c'est-à-dire du mouvement. Celui-ci est en effet la seule chose que le cerveau, en tant que fragment de matière, soit capable de recevoir ou de produire. Si l'on veut rendre compte de la perception à partir du cerveau sans faire de celui-ci ce qu'il n'est pas, à savoir le lieu matériel d'une incompréhensible production de représentations, il n'y a pas d'autre solution que d'aborder cette perception du point de vue du mouvement. Percevoir, c'est agir et non contempler. Cette décision théorique est justifiée par l'examen de la structure du système nerveux : entre la moelle épinière, siège de l'activité réflexe, et le cerveau, on ne peut observer qu'une différence de complexité, c'est-à-dire de degré et non de nature. A l'instar de la moelle, le rôle du cerveau sera donc de recueillir et de produire du mouvement, et il ne se distinguera de la moelle que par son aptitude à diviser et à sélectionner ses mouvements, ses réponses aux excitations extérieures, et donc à les retarder – aptitude qui est corrélative de sa plus grande complexité. L'organisme rudimentaire est caractérisé par l'irritabilité : la perception de l'objet avec lequel il entre en contact ne se distingue pas du mouvement de retrait que cet objet suscite. En toute rigueur, on ne peut parler de perception d'un objet, mais seulement d'affection, d'irritation à la surface du corps; l'organisme ne saisit pas tant l'objet extérieur que son action sur le corps, qui suscite elle-même la réaction. Parce qu'il n'y a pas de distance spatiale entre l'agent et le corps sensible, il n'y a pas d'écart temporel entre la perception et le mouvement qu'elle déclenche. Bref, lorsque la réaction est immédiate, on ne peut parler de perception proprement dite. On pourrait dire que l'approche de Bergson repose tout entière sur le renversement de cette proposition : puisque, lorsque la réaction est immédiate, on ne peut parler de perception, celle-ci n'apparaîtra que lorsque la réaction est retardée. Autrement dit, la perception dispose de l'espace – c'est ce qui la définit – dans la mesure exacte où l'action dispose de temps. Sera donc perçue cette partie du réel qui est intéressante sur le plan vital, c'est-à-dire qui sollicite notre action. Le perçu se distingue de ce qui ne l'est pas, non plus comme la représentation (le « pour soi ») de l'objet, mais comme ce qui a un sens pour la vie de ce qui repose en soi et, par conséquent, comme ce qui suscite une action différée, en quelque sorte délibérée, libre, se distingue de ce qui déclenche une action mécanique. Est perçu ce qui appelle une action virtuelle ; « notre représentation des choses naîtrait donc, en somme, de ce qu'elles viennent se réfléchir contre notre liberté »[1].

Si l'on s'en tenait là, cette théorie demeurerait parfaitement incompréhensible. On ne voit pas en effet comment de la matière peut donner lieu à du perçu du seul

---

1. Bergson, *Matière et Mémoire, op. cit.*, p. 34.

fait qu'elle intéresse l'action vitale et appelle une action choisie. Mais tout dépend de ce que l'on entend par matière ; en effet, cette théorie de la perception n'a de sens que dans le cadre d'une ontologie pour laquelle le réel matériel est un ensemble d'*images.* C'est en élaborant ce concept original que Bergson échappe à l'alternative abstraite de l'idéalisme et du réalisme et peut donner un sens à sa définition de la perception à partir du mouvement. Il est vrai, contre l'idée d'une réalité en soi distincte de notre perception, que *esse est percipi,* que le réel n'est rien d'autre que ce que nous percevons, que son apparaître. Mais l'erreur de Berkeley, qui revendiqua cette formule, fut d'en conclure que la matière était un ensemble d'idées, n'existait donc que dans l'esprit. Ceci revenait, aux yeux de Bergson, à ne pas respecter le précepte initial *esse est percipi* : Berkeley trahit en effet cette affirmation puisqu'il ajoute au perçu le percevant, le *percipiens*, « à l'intérieur » duquel prendront place les idées. En effet, en toute rigueur, affirmer que « l'être c'est l'être perçu » revient exactement à affirmer que l'être perçu est l'être même et non quelque réalité idéelle ou subjective. Dire que le réel n'est autre que les qualités perçues, c'est précisément reconnaître que ces qualités sont le réel même. Bergson appelle « image » cette pleine identité de l'être et de l'apparaître, identité qui ne s'accomplit pas au seul profit de l'apparaître et, partant, du sujet de cet apparaître : l'image est à mi-chemin de la chose et de la représentation, elle est l'être réel du perçu et l'être perçu du réel. En vérité, il n'y a rien de plus simple à comprendre que ces images dès lors que l'on accepte de s'en tenir au sens commun. Il va de soi que le réel n'est pas différent de ce que nous percevons et que l'idée d'une réalité en soi étrangère à notre perception est bien difficile à admettre; mais il va également de soi que ce réel que nous percevons existe hors de nous et non en nous.

La théorie bergsonienne de la perception est maintenant beaucoup plus claire. En définissant le monde matériel comme un ensemble d'images, nous nous sommes déjà donné, avec la présence, la représentation. Poser des images, c'est situer la perception au sein du réel, en faire sa possibilité à lui; c'est définir le réel par la perceptibilité. Dès lors, la perception pose un problème exactement inverse de celui auquel la tradition était confrontée : il ne s'agit pas de saisir comment la réalité engendre une représentation d'elle-même mais plutôt de comprendre comment la perception qui, en droit, est coextensive à la totalité du réel (des images) va, en fait, *se limiter* à tel ou tel objet. On passera donc de la réalité à la perception par voie de diminution et de sélection et non plus en lui ajoutant quelque chose. C'est précisément l'action vitale évoquée plus haut qui opère cette sélection : la chose perçue, c'est ce qui, au sein de la totalité des images, intéresse notre action vitale, suscite un mouvement volontaire. La représentation de la chose est la chose elle-même en tant que nos mouvements virtuels l'ont isolée de l'ensemble des images.

L'originalité et la puissance d'une telle perspective sont difficilement contestables. On peut y découvrir toutes

les conditions qui nous semblent être celles d'une théorie
rigoureuse de la perception. Tout d'abord, et c'est l'une
des conséquences essentielles que Bergson tire lui-même,
nous percevons *à même* les choses et non en nous ; la
perception a lieu là où est la chose et non « dans » une subjectivité. Autrement dit, dans la perception c'est bien la
chose même qui paraît, loin que cette perception soit un
vécu de représentation positif et distinct de ce qui est
perçu, vécu dont le rapport à l'extériorité resterait alors à
penser. En second lieu, le sujet de la perception n'est plus
une conscience théorique, désengagée, qui se contenterait
de recueillir une image de l'objet. Dans la mesure où la
perception advient à même la chose, le sujet de la perception ne peut être qu'un sujet actif, qui se dépasse vraiment
vers le monde, qui est capable de le rejoindre en son lieu.
Enfin, on ne peut dépasser vraiment le sujet représentatif
qu'en renonçant à ce qui en constitue le pendant inévitable, à savoir la position d'une réalité en soi, autonome,
circonscrite et déterminée, réalité qui ne devrait rien à
notre engagement en elle. Il faut donc, comme la théorie
des images le montre de manière exemplaire, penser
l'apparaître comme une *dimension de l'être* lui-même, au
lieu de réduire la phénoménalité à ce qui advient à l'en soi
en vertu de sa rencontre avec une conscience. La perception ne peut être comprise que comme ce qui vient recueillir ou réveiller une perceptibilité qui la précède en quelque
sorte dans les choses. L'apport inestimable de Bergson est
d'avoir ouvert cette voie et esquissé l'articulation entre
une perception saisie à même la vie et une ontologie des

images. La ligne de clivage et d'articulation essentielle ne passe plus entre le réel et sa représentation mais entre *un réel qui contient déjà sa représentation* et *une vie* qui va le faire paraître en son lieu.

Il reste que la construction, très complexe, que Bergson développe dans la suite de l'ouvrage, ne saurait être retenue. Le premier chapitre de *Matière et Mémoire* décrit une perception «pure», qui existe en droit plutôt qu'en fait. La perception de fait exige, en effet, l'intervention de la mémoire, sur laquelle reposera le moment proprement subjectif de la perception, dès lors que c'est la mémoire qui me permet de reconnaître le perçu comme ce qu'il est. Or, si la perception, entièrement tributaire du mouvement, se situe bien au sein de la matière, la mémoire, quant à elle, relève d'un tout autre ordre de réalité. La réduction de la perception pure à l'action vitale – dont le temps propre est le présent et, plus encore, l'avenir – permet précisément de souligner l'indépendance de la mémoire vis-à-vis de la matière et reconduit ainsi, sous une forme renouvelée, la dualité de la matière et de l'esprit. Dès lors, toute l'analyse de la perception se déploie exclusivement au plan de l'objet et ne prétend pas épuiser le sens des rapports de la conscience au réel : nous ne sommes pas en droit d'y lire une conception neuve de la subjectivité en présence d'un monde. Le mouvement vital dont parle Bergson est un processus objectif, exclusivement déterminé par des impératifs biologiques, et non pas une intentionnalité ; l'univers des images est étalé au plan de l'objet et le perçu ne s'y inscrit que sur le mode spatial, comme la partie dans le tout. Ainsi, étrangement, Bergson esquisse une description de la perception qui permet d'échapper définitivement aux impasses de l'objectivisme, mais c'est pour projeter en même temps cette description sur le plan de l'objet; il retombe dans l'objectivisme à l'instant où il s'en trouve le plus éloigné.

La voie qui, au vu de ces réserves, nous est prescrite se précise un peu plus. En tant que le sujet de la perception est un vivant, il s'agit de penser la perception en faisant l'économie de la représentation, tout au moins comme être positif, en se situant donc du seul point de vue de l'action, sans pour autant rabattre cette action sur le plan d'un processus objectif, ce qui susciterait inévitablement le retour de la représentation. Il s'agit donc de penser la perception à partir de la vie sans renoncer à la notion centrale d'intentionnalité. Symétriquement, il nous faut retenir l'idée d'une identité de l'être et de l'apparaître, d'une perception qui se précède dans les choses, sans pour autant penser cette identité sur le mode objectif, ce qui revient à ne pas perdre de vue l'essentielle corrélation du réel et du sujet. En d'autres termes, il s'agit bien de retenir ce que les perspectives respectives de Husserl et de Bergson ont, selon nous, de décisif. Par conséquent, il faut tenter de concilier la dimension vitale de la perception et son caractère intentionnel, la théorie des images et l'*a priori* universel de la corrélation. Mais, en vérité, le terme de conciliation est mal choisi car ces deux perspectives, saisies en ce qu'elles ont de positif, dessinent une seule voie : celle d'une philosophie de la perception.

PERCEPTION ET MOUVEMENT

Afin de progresser dans la compréhension de la perception, il est donc nécessaire de partir d'une caractérisation du vivant, même si, bien entendu, l'étude de la perception nous permettra en retour de clarifier notre idée du vivant. Comme l'a montré Kurt Goldstein, en particulier, l'être vivant doit être conçu comme une *totalité*. En effet, un comportement ne peut être réduit à une réaction locale de l'organisme à un agent circonscrit; il ne devient compréhensible que par référence au tout de l'organisme, à un équilibre qu'il vise, par exemple, à restaurer : c'est l'organisme tout entier qui, en chaque comportement, aussi localisé soit-il, se manifeste et maintient son essence propre. Dès lors, toutes les dimensions de l'existence vitale apparaissent comme des divisions, des limitations de cette totalité préalable : la distinction même entre le psychique et le somatique, entre le spirituel, l'affectif et le corporel doit être comprise comme dérivée vis-à-vis de la totalité vitale. Ce qui était auparavant mis au compte d'un principe substantiel apparaît désormais comme l'expression d'un certain type de rapport vital au milieu. Aborder l'expérience à partir du vivant permet ainsi de se situer d'emblée en deçà de l'alternative de la *res cogitans* et de la *res extensa,* et d'éviter les problèmes insolubles que pose l'union de fait de ce qui a d'abord été substantiellement distingué. L'unité du psychique et du somatique, au sein du vivant, précède leur différence et, en toute rigueur, cette différence ne procède que d'un défaut d'accomplissement, d'ailleurs largement inévitable, de cette unité préalable. Exister selon la distinction du corps et de l'âme, c'est ne pas être pleinement le vivant qu'on est. Il suit de là, en particulier, que la dimension de la conscience, sur laquelle repose traditionnellement la perception, doit être elle-même subordonnée à la totalité vitale. Comme l'écrit Goldstein, « nous appelons conscience un mode de comportement déterminé de l'être humain ainsi que le concept générique de tous les phénomènes qui y sont compris. Il ne s'agit donc pas d'un récipient dans lequel il y aurait vraiment des contenus déterminés. En présence d'un phénomène particulier, mieux vaut ne pas dire qu'on est conscient, mais qu'on a conscience de quelque chose »[1]. En partant du vivant, on se donne le moyen d'abandonner l'idée d'un être positif du vécu au profit du dynamisme unitaire par lequel le vivant s'ouvre à son monde.

Cette totalité a en effet ceci de singulier qu'elle ne peut se constituer et se maintenir comme telle qu'en s'ouvrant à un milieu, c'est-à-dire en se détotalisant. Le vivant vit de son rapport avec le milieu, avec lequel il forme ainsi une totalité supérieure : vis-à-vis de celle-ci, le vivant lui-même peut apparaître comme une limitation, au même titre que tel comportement de ce vivant vient limiter la totalité qu'il est. Le vivant individuel ne s'accomplit donc qu'en s'ouvrant à ce qui n'est pas lui, sa clôture a pour condition une ouverture au milieu : l'individualisation de

1. K. Goldstein, *La Structure de l'organisme,* trad. Burckhardt et Kuntz, Paris, Gallimard, 1951, p. 269.

l'individu et son appartenance à un monde, le devenir soi et l'ouverture à l'autre, la différence et l'identité avec le monde ne font pas alternative. Le vivant ne doit pas être compris comme un être substantiel qui se rapporterait « après coup » au milieu, ni d'ailleurs comme une pure production de ce milieu. Il est contemporain de ce rapport et ne fait finalement qu'un avec lui. C'est au sein même de cette relation que se constitue son identité ; le milieu et le vivant naissent ensemble de leur relation vitale. Or, il va de soi qu'une telle relation ne peut être pensée que sur un mode dynamique : la totalité que le vivant forme avec le milieu est une totalité en devenir. En effet, dès lors que l'accomplissement de son identité exige une relation avec le milieu, que le vivant s'ouvre au milieu pour s'en séparer et ne s'en sépare que pour s'y inscrire, il faut en conclure qu'il est caractérisé par un état de tension ou d'insatisfaction. Le devenir du vivant est le devenir de cette tension. Ainsi, non seulement tel comportement doit être saisi comme limitation ou spécification d'une totalité, mais il doit en même temps être compris comme moment ou étape d'un devenir. Ce sont tous ces traits du vivant que vise Goldstein lorsqu'il le caractérise comme un certain « débat » (*Auseinandersetzung*) avec le milieu.

Il suit de cette première caractérisation du vivant que sa sensibilité au milieu ne doit plus être conçue à partir des sensations. Elle ne peut au contraire être comprise que comme une modalité de ce débat que l'organisme entretient avec son monde : elle est une manière d'aller à la rencontre du monde, un « vivre avec » le monde. Il faut donc substituer à la notion de sensation comme épreuve d'un contenu immanent celle du *sentir* comme mode de communication avec le monde. Nous n'avons pas des sensations, vécus immanents dont on se demande comment ils pourraient bien nous mettre en rapport avec un objet, mais, dans et par le sentir, nous « avons » un monde : comme élément de la donation du monde, le sentir correspond au sens originaire de l'intentionnalité. Nous ne pouvons plus poser un « avoir » en général, où des distinctions (et d'abord celle des sens eux-mêmes) ne naîtraient que des contenus qui pénètrent en lui. Au contraire, écrit E. Straus, « si nous distinguons le voir et l'entendre comme modes de communication, nous pensons que le fait d'avoir se modifie lui aussi ; voir et entendre ne se distinguent pas seulement par la diversité de l'excitation physique, des organes fonctionnels et des objets, mais bien plus encore par la manière spécifique dont le Je se relie au monde »[1]. Le sentir ne renvoie donc ni à des vécus immanents, qui ne feraient paraître un monde qu'en vertu d'un acte d'appréhension, ni à des qualités sensibles circonscrites à même l'objet : il est lui-même l'appréhension d'un monde, le moyen de nous ouvrir à lui. Comme le remarque Henri Maldiney, quand Cézanne s'écrie : « Regardez ! Les bleus ! Les bleus là-bas sous les pins ! », ces bleus sont l'organe de sa communication avec

---

1. E. Straus, *Du sens des sens,* trad. Thinès et Legrand, Grenoble, Millon, 1989, p. 335.

le monde » [1]. Dans et par ces bleus Cézanne habite un monde : ils sont indistinctement la manière dont le monde s'offre primordialement à lui et sa manière à lui d'aller à la rencontre de ce monde, de le percevoir. Le bleu n'est ni une qualité empirique de l'objet ni une signification que le sujet lui imposerait, mais en quelque sorte le médiateur vivant d'une extériorité.

On peut conclure de cette première analyse du sentir que la distinction entre les champs sensoriels, ainsi qu'entre les qualités sensibles au sein de chaque sens – distinction que Locke considérait comme allant de soi – est dérivée et finalement corrélative du fait que la perception y est ressaisie indépendamment de la vie. En effet, si les impressions particulières et les sens sont bien des limitations spécifiques de la relation du vivant à son monde, leur unité précède leur différence et ils peuvent communiquer comme modalités d'une même rencontre avec le monde. Dès lors, les synesthésies (relations entre des sensations appartenant à des sens différents) n'apparaissent plus comme un problème : la possibilité d'établir des relations entre les sens et de transposer la qualité d'un sens dans un autre sens – possibilité qui est au fondement d'une métaphorique – n'exprime que l'essence du sentir. S'il y a un mystère ici, il réside dans la différence plutôt que dans l'unité. Il en est de même pour la parenté que manifestent les diverses qualités d'un objet, l'harmonie

1. Dans *Regard, Parole, Espace,* Lausanne, L'Âge d'homme, 1973, p. 138.

sensible qui les lie et qui me permet de saisir l'acidité et la fraîcheur du citron dans sa couleur : en cela que je nomme objet, je me rapporte au monde selon un certain style, auquel correspond une certaine apparition de ce monde, et c'est cette même manière d'être qui s'exprime au sein des divers champs sensoriels sous forme de « qualités » sensibles à la fois distantes et apparentées.

Il reste cependant à clarifier cette communication avec le monde par laquelle nous avons finalement caractérisé la perception, mais nous pressentons déjà que, dans la mesure où le sentir est ouverture à une extériorité et non plus l'épreuve d'un contenu immanent, plus rien ne le distinguera de la perception. En effet, à nous en tenir à la seule dimension du sentir, nous serions encore dans l'abstraction et finalement tributaires du privilège que la tradition accorde à la représentation par rapport à la vie. Car l'être vivant est aussi, et peut-être d'abord, un être qui *se meut*. En tant que modalités du vivant, le sentir et le mouvement doivent communiquer l'un avec l'autre tout comme les différents sens communiquent entre eux : une analyse rigoureuse de la perception ne peut pas faire l'économie d'une telle parenté. La communication entre le sentir et le se mouvoir a souvent été remarquée par les psychologues. Notre activité sensorielle est inséparable d'un mouvement : nous ne pouvons voir quelque chose que grâce à une exploration des yeux, qui cherchent, fixent et accommodent afin d'obtenir le maximum de richesse et de clarté visuelles. Or, vision et mouvement manifestent ici un étrange entrelacement car, s'il est vrai que je regarde afin de voir, je ne peux obtenir l'image correcte que parce que, d'une certaine manière, ma vision se prépare ou s'annonce dans le mouvement du regard. Irréductible à un déplacement objectif, ce mouvement voit à sa façon avant de voir et afin justement que la vision soit possible : « Comment le mouvement des yeux ne brouillerait-il pas les choses, note Merleau-Ponty, s'il était lui-même réflexe ou aveugle, s'il n'avait pas ses antennes, sa clairvoyance, si la vision ne se précédait en lui ? »[1]. De même, comment mes mains pourraient-elles exercer la pression exactement requise pour éprouver telle qualité de surface si leur mouvement n'était pas déjà toucher ? Comment d'ailleurs distinguer précisément le toucher du mouvement de ma main ? Que serait en effet l'expérience d'une dureté sans pression des doigts, d'une rugosité sans déplacement ? Là encore, comme le remarque Von Weizsaecker, « on ne sait pas si c'est la sensation qui guide le mouvement, ou si c'est le mouvement d'abord qui détermine le lieu et le moment de chaque sensation. Car le mouvement, comme un sculpteur, crée l'objet, et la sensation le reçoit comme dans une extase »[2].

Cette intrication entre perception et mouvement a pu être confirmée par la découverte d'équivalences entre des qualités sensibles et des catégories de mouvements. Goldstein, notamment, met en évidence une relation

1. M. Merleau-Ponty, *L'Œil et l'Esprit,* Paris, Gallimard, 1964, p. 17.
2. V. Von Weizsaecker, *Le cycle de la structure,* trad. M. Foucault, Paris, Desclée de Brouwer, 1958, p. 195.

réglée entre la perception tactile et visuelle d'une part et ce qu'il appelle des phénomènes «toniques» d'autre part. L'examen de patients cérébelleux, chez qui ce type de mouvements n'est pas inhibé, montre par exemple que la vision du bleu et du vert entraîne un mouvement du bras tout à fait opposé à celui qui est engendré par celle du rouge et surtout du jaune; ces couleurs ont un sens moteur, elles suscitent (et signifient) tension ou détente, ouverture ou retrait. L'important ici est de noter que, dans la mesure où des couleurs peuvent être mises en relation avec des mouvements déterminés, elles sont bien irréductibles à des contenus s'offrant à une représentation. En tant qu'elle «parle» au corps moteur, la couleur est autre chose qu'un contenu qualitatif; mais, en tant qu'un mouvement peut lui répondre, celui-ci doit tout autant être distingué d'un simple déplacement objectif. Or, notre surprise à la lecture de ce constat d'une relation intime entre perception et mouvement ne peut être suscitée que par le présupposé d'une séparation radicale entre ces deux dimensions, dont l'une relèverait de la *res cogitans* alors que l'autre appartiendrait à la *res extensa*. Car, si l'organisme est bien une totalité, il faut admettre que le mouvement et le sentir n'en sont que des modalités, dont l'unité précède et fonde la différence. En effet, un être qui ne pourrait s'éloigner ou s'approcher de tel lieu du monde serait insensible, tout comme un être incapable de sentir ne serait pas en mesure de s'orienter dans ce monde. La notion de *direction,* qui n'appartient ni à la seule perception ni au seul mouvement exprime clairement cette unité originaire.

Il nous faut donc dépasser l'opposition encore abstraite de la perception et du mouvement afin de ressaisir rigoureusement la perception du point de vue de son unité originaire avec le mouvement, c'est-à-dire comme l'expression d'une totalité vivante. La question décisive qu'il faut, selon nous, poser à la perception est la suivante : que signifie percevoir dès lors que c'est *le même qui se meut et qui perçoit*, qu'il y a ainsi une *unité originaire* du sentir et du se mouvoir ? Quelle est cette dimension originaire, que nous appelons « vie » et dont perception et mouvement sont déjà des modalités abstraites ? Avec ce questionnement, nous nous trouvons au plus loin de l'attitude objectiviste qui pense d'emblée la perception comme une représentation et le percevant comme une conscience. Or, si l'on se rappelle que le vivant forme avec le milieu une totalité en devenir, l'idée d'une unité originaire du sentir et du mouvement, plus profonde que leur différence, ne fait pas de difficulté. Saisie du point de vue de l'insatisfaction essentielle du vivant et, partant, du devenir de cette tension entre ce vivant et le monde, toute perception apparaît comme un moment abstrait d'une continuité de recherche : le vivant ne sent que pour poursuivre son mouvement orienté et ne se meut que pour mieux sentir. Comme l'écrit profondément Von Weizsaecker, « percevoir, c'est au fond toujours passer à autre chose »[1]. Appréhendée dans la perspective du

---

1. *Le Cycle de la structure, op. cit.,* p. 146.

devenir vivant, la perception stricte apparaît comme une dimension encore abstraite car, en tant que *prospection* ou *exploration,* ce devenir déjoue l'alternative entre sentir et se mouvoir. On serait en effet bien en peine d'assigner l'exploration (de l'animal mais aussi du regard devant un paysage) à une dimension plutôt qu'à l'autre : son « mouvement » est manifestement plus profond que cette distinction. En d'autres termes, si le vivant est insatisfaction, désir – et il ne peut être que cela dès lors qu'il forme avec le milieu une totalité qui est toujours détotalisée, que c'est du monde que dépend son identité vivante, de sorte qu'il est fondamentalement recherche active de soi en l'autre – il n'y a pas de présence qui n'appelle une autre présence, pas d'expérience qui ne soit prise dans un mouvement qui la dépasse. Parce que, insatisfait, le vivant est nécessairement en excès sur lui-même, la présence de ce qui s'offre à lui excède la dimension proprement perceptive. Nous sommes bien confrontés ici à une dimension première, qui ne relève ni de la représentation sensible, ni du déplacement objectif, à un « vivre » plus profond que la différence entre éprouver et être en vie.

Remarquons enfin que la distinction de la sensation et du sentiment, de la perception et de l'affectivité est, elle aussi, abstraite et dérivée. En effet, dire que telle réalité suscite tel mouvement, est vécue dans et par un mouvement, c'est reconnaître qu'elle n'est pas un spectacle objectif auquel le sujet demeurerait indifférent – car alors aucun mouvement ne serait pensable – mais qu'elle a pour lui un sens en quelque sorte vital, que sa présence ne peut être distinguée de sa signification affective. Si le sentir est un se mouvoir, il est un éprouver ; ou plutôt, c'est parce qu'il est épreuve affective qu'il implique un mouvement : à la lettre, la perception est une *é-motion*. En tant qu'inséparable du mouvement, la dimension « cognitive » de la perception est indissociable de sa dimension « pathique » ou affective : il n'y a pas d'épreuve de l'autre qui ne soit épreuve de soi, et inversement. Mais ceci ne saurait nous surprendre puisque nous avons défini le vivant comme un être qui n'accomplit son identité qu'en s'ouvrant à l'autre, comme le point de convergence entre un devenir soi et un devenir autre.

La distance du perçu

Il reste à expliciter cette dimension originaire, qui est commune à la perception et au mouvement. Il faut la distinguer du pur contact avec la chose qu'entraînerait un mouvement objectif et dans lequel rien ne serait *perçu,* mais aussi d'une connaissance désincarnée qui n'aurait affaire qu'à des significations transparentes : là encore, *rien* ne serait perçu, faute d'une appartenance de cette conscience au monde, faute d'un contact possible. En tant que le sentir est mouvement, il ne fait paraître la chose qu'en réduisant la distance qui l'en sépare, en la rejoignant en son lieu, et c'est pourquoi il l'atteint *elle-même,* dans l'opacité de sa présence, plutôt qu'à travers un double représentatif. Mais, en tant que le mouvement est sentir,

son avancée vers le monde ne se confond pas avec la
réduction d'un écart objectif : elle signifie la venue du
monde à la visibilité. Cela revient au même, pour le
percevant, de rejoindre la chose et de l'éprouver, de
l'atteindre et d'y être sensible : c'est la raison pour laquelle
il la saisit *en elle-même,* la fait paraître en en préservant la
densité. On peut donc dire, comme Bergson, que nous
percevons dans l'objet et non en nous, mais c'est à la
condition d'ajouter aussitôt que ce mouvement qui atteint
l'objet n'est pas seulement un déplacement objectif et que
la subjectivité n'a donc pas à être cherchée ailleurs que
dans ce mouvement lui-même. De même, il revient au
même pour le perçu de sortir de la distance, c'est-à-dire
d'être à portée du vivant et de devenir sensible, de paraître.
Comme l'écrit Erwin Straus, « ce ne sont pas les fonctions
physiologiques des organes sensoriels qui font d'un être
un être sentant, : mais plutôt cette possibilité d'approcher,
et celle-ci n'appartient ni à la seule sensation, ni au seul
mouvement » [1]. La dimension originaire qui est au cœur du
sentir peut être caractérisée comme une *approche,* qui est
indistinctement « avancée vers » et découverte ou dévoile-
ment. L'approche est réduction d'une distance qui est
identiquement spatiale et ontologique, défaut de proximité et de visibilité.

　　Cependant, en tant que le sentir est approche, il
maintient tout autant la distance. L'approche n'est pas

---

1. *Du Sens des sens, op. cit,* p. 378.

coïncidence mais avancée vers ce qui ne peut être rejoint. Approcher, c'est *é-loigner*, c'est-à-dire sortir de l'éloi-gnement: la proximité conserve la distance qu'elle surmonte. L'apport essentiel de cette analyse de la percep-tion est en effet de nous montrer que le sentir, en tant qu'auto-mouvement, est déploiement d'une distance, ouverture d'une transcendance, qu'il n'y a donc plus d'alternative entre l'intériorité de l'expérience et l'exté-riorité du monde perçu. Le sentir n'est pas intériorisation mais sortie de soi, empiétement vers la chose même. Il ne faut pas comprendre par là qu'il s'approprie une chose déjà disposée à distance : il en déploie plutôt la distance en la faisant apparaître ct, dans cette mesure, préserve la profondeur de ce qu'il atteint. Sentir, ce n'est pas possé-der, c'est laisser être. En toute rigueur, la différence même entre l'intérieur et l'extérieur ne précède pas la percep-tion ; c'est plutôt cette perception, en tant qu'elle est mou-vement, qui ouvre cette différence, comme différence inassignable entre l'apparaître de la chose et la transcen-dance qui se préserve en cet apparaître. Sentir, ce n'est pas rejoindre une chose à l'extérieur : une chose ne devient au contraire extérieure qu'en tant qu'elle est sentie. Être là-bas et être sentie reviennent au même pour elle. Aussi la distance n'est-elle pas sentie puisque c'est le sentir qui déploie la distance : en tant qu'il est mouvement, le sentir est une saisie dans la distance, il est épreuve à distance. Il ne faut donc pas dire que l'objet est là-bas car à telle distance de moi, mais plutôt qu'il est à distance parce qu'il est là-bas et qu'il est là-bas en tant qu'il est senti. Cette

distance propre au senti correspond finalement à l'insatisfaction essentielle qui caractérise le vivant car, comme le
note bien Straus, « la distance est relative à un être en
devenir et animé par le désir ; c'est la portée de sa saisie qui
détermine l'articulation de la distance dans le proche et
dans l'éloigné »[1]. Donné à un vivant, le monde est bien ce
qui résiste à l'appropriation et appelle donc une exploration. En d'autres termes, l'éloignement qui caractérise le
senti n'est pas un écart qui serait susceptible d'être sur-
monté mais une opacité qu'aucun apparaître ne peut com-
plètement résorber, une distance sans mesure, un retrait
sans recul. La *profondeur* nomme bien cette distance qui
est insurmontable parce qu'elle n'est pas déployée devant
le regard, qui est en quelque sorte intérieure à l'objet et se
confond finalement avec sa présence sensible. Dans l'approche paraît la chose même car cette approche éloigne.

Autant dire qu'en abordant le sentir à partir du
mouvement vivant on se donne les moyens de comprendre l'intentionnalité, que Husserl mettait au premier
plan de son analyse de la perception, et de dépasser par
là même la différence entre sentir et percevoir[2]. La distinction que Husserl introduisait entre l'épreuve immanente
d'une qualité (sensation) et l'appréhension d'un pôle
objectif transcendant (perception) s'avère inutile : en
tant qu'approche, ouverture d'une distance, le sentir *est*
donation d'une transcendance. Le moment de la présence

---

1. *Du sens des sens, op. cit.,* p. 617.
2. Pas que E. Straus se refuse à franchir, à tort selon nous.

sensible et celui de la transcendance ne font plus alternative : puisque le sentir est mouvement vivant, l'apparence sensible signifie présence à distance. L'énigme de
l'intentionnalité tient au fait qu'elle évoque à la fois un
mouvement par lequel la conscience sort d'elle-même et
une appréhension, c'est-à-dire une intériorisation. Mais
la difficulté tient en réalité au fait que, projeté au plan
objectif, un tel mouvement s'avère en effet incompatible
avec l'intériorité de l'apparaître. Cette difficulté disparaît
dès lors que l'on comprend l'unité originaire d'un mouvement préobjectif et d'un apparaître non représentatif au
sein de la totalité vivante. Le sentir est l'intentionnalité
même puisqu'il ne peut faire paraître qu'en rejoignant ce
qui ne se donne qu'en son lieu, en en respectant le retrait.

La notion de « qualité sensible » ne peut plus dès lors
désigner le vécu immanent au moyen duquel je vise un
objet, ni non plus un moment de l'objet perçu : je ne la sens
ni la perçois elle-même, je perçois plutôt *selon* elle. En
effet, en vertu même de l'essence du sentir, ce que l'on
appelle « qualité sensible » ne peut être que l'identité d'un
contenu et d'un mouvement, c'est-à-dire un vecteur ou un
axe plutôt qu'une qualité. Unité originaire d'un geste et
d'un vécu, structure singulière de l'investissement vital,
elle n'est que la dimension selon laquelle le monde paraît,
un vide particulier que le monde vient remplir. Il faut
donc renoncer aux sensations au profit de ce que Merleau-
Ponty nomme « rayon de monde » : « La perception est
non perception de *choses* d'abord, mais perception [...] de
rayons de monde, de choses qui sont des dimensions, qui

sont des mondes, je glisse sur ces "éléments" et me voilà dans le *monde,* je glisse du "subjectif" à l'Être »[1]. Le rayon de monde est l'axe secret qui, articulant ou unifiant les phénomènes, fonde leur phénoménalité ; il est leur principe non positif d'équivalence, le niveau par rapport auquel une vision devient possible et qui demeure, comme tel, invisible. Tout son être consiste pour ainsi dire à s'effacer au profit du monde : le rayon de monde est l'identité de la transparence et de l'opacité. Il s'ensuit que les différentes perceptions ne se distinguent plus par les contenus qu'elles animent mais par leur *style* d'approche du monde. Telle couleur n'est ni cette qualité à la fois évidente et impénétrable, ni un aspect de l'objet en sa présence brute, mais un certain mode de rencontre avec le monde, c'est-à-dire une certaine manière d'être du monde qui s'exprimera aussi bien dans l'acidité d'un goût, la couleur et la rugosité d'une surface ou la fraîcheur d'une pulpe.

Ainsi, il fallait aller jusqu'à cette idée du sentir comme style d'approche du monde pour être en mesure de comprendre vraiment cette esquisse dont nous avons vu que Husserl la met au centre de l'apparaître perceptif. Se dépassant au profit de l'objet qu'elle manifeste sans pour autant se confondre avec lui, l'esquisse ne le montre que partiellement, l'efface en même temps qu'elle s'efface à son profit. Or, tant que nous tentions, à la suite de Husserl,

1. M. Merleau-Ponty, *Le visible et l'invisible*, Paris, Gallimard, 1964, p. 271.

de rendre compte de cette esquisse à partir de la relation entre deux catégories de vécus, *hylè* et noèse, elle demeurait foncièrement incompréhensible : on se demandait comment un vécu immanent pouvait bien animer une matière et se dépasser au profit d'un objet. Mais nous comprenons désormais qu'elle ne peut reposer sur des contenus. Le mouvement de l'esquisse n'exprime, en effet, rien d'autre que l'unité originaire du sentir et du se mouvoir, cette approche par laquelle le vivant ne fait paraître quelque chose qu'en se dessaisissant à son profit et en en préservant donc la distance. Il fallait en arriver à ce point, à savoir renoncer à tout « positivisme », y compris à celui, plus raffiné, de Husserl, pour concilier les deux dimensions qui caractérisent la perception. Si le sujet auquel le perçu est relatif est un sujet vivant, et par conséquent moteur, cette relativité ne fait plus alternative avec la consistance et l'autonomie du perçu.

Enfin, avec la qualité sensible, c'est la notion même d'*objet* qui doit être abandonnée. En effet, l'identité qui caractérise l'objet n'était appelée que par la pure diversité des qualités qu'il fallait unifier ; l'autonomie de la détermination objective permettait de dépasser la subjectivité des sensations. Mais, s'il est vrai que la perception est mouvement et préserve donc la distance dans la proximité phénoménale, il faut en conclure qu'elle est donation du *monde* lui-même. Ne reposant plus sur la positivité d'un vécu mais sur une ouverture dynamique, l'apparaître ne délivre pas une signification close mais bien le monde même. Tout style de mouvement, toute dimension

d'ouverture au monde, s'effaçant eux-mêmes au profit de
ce monde, sont en même temps des dimensions de celui-ci.
Il n'y a ni sensations ni objets mais des styles d'être du
monde qui sont tout autant des modalités de notre accès à
lui. Certes, nous l'avons vu, une même manière d'être peut
se manifester dans une pluralité d'aspects : la couleur à la
fois mate et luisante, la douceur un peu grasse au toucher,
le son étouffé qu'elle rend et jusqu'à une certaine mollesse
des lignes[1] expriment une seule manière d'être. On peut
bien parler de cire, mais, ce faisant, on n'a pas défini un
objet puisque cette manière d'être est aussi celle d'un
visage, dont on dira que le teint est « cireux », ou encore de
la fleur du cognassier. À la dualité abstraite de la sensation
et de l'objet se substitue l'unité originaire du monde et des
dimensions du sentir en lesquelles il paraît. Dès lors, si
la perception comme approche est ouverture au monde
même, chaque expérience est une présentation de ce
monde et non l'appréhension d'un objet. Elle est donc à
la fois singulière et universelle, circonscrite et pourtant
ouverte à la totalité du monde, au point qu'elle peut,
comme le montre la poésie, en figurer des aspects
apparemment éloignés : « Tout étant peut être accentué
comme emblème de l'Être »[2]. On pourrait, pour qualifier
ces dimensions du sentir, parler *d'élément,* au sens de la

---

1. La place nous manque pour montrer que ce qui vaut pour les
« qualités » vaut pour les aspects formels : la courbe d'un pli et la texture ou la
couleur de l'étoffe peuvent être lues l'une dans l'autre.
2. M. Merleau-Ponty, *Le Visible et l'Invisible, op. cit.,* p. 323.

terre, de l'eau, de l'air ou du feu. Par-delà la distinction de la forme et le contenu, l'élément est un style d'être réalisé, une qualité faite monde : l'atteindre, c'est être entouré et traversé par lui, habiter le monde qu'il est.

VERS UNE ONTOLOGIE DU SENSIBLE

Nous avons vu que les conceptions antagonistes de la perception, empirisme et intellectualisme, sont tributaires d'une certaine ontologie qui a sa racine dans une soumission au principe de raison suffisante. Dans cette perspective, la perception est toujours manquée, confondue avec la connaissance rationnelle, car l'être, se détachant sur fond de néant, prend toujours la forme de l'objet pur et accompli, sans indétermination ni opacité. Autrement dit, le sujet de la perception y est toujours le sujet théorique, désengagé, capable de prendre une distance infinie vis-à-vis du monde. Cela ne veut pas dire que l'indétermination soit ignorée, mais elle n'a de signification que négative : la dimension proprement sensible de notre expérience, qui distingue la perception de l'intellection, est à mettre au compte de notre finitude ; elle n'est que la limitation d'une connaissance qui, en droit, peut atteindre l'objet en transparence.

Notre analyse de la perception permet de remettre profondément en cause cette ontologie. Avec le sentir, saisi dans son unité originaire avec le mouvement, nous avons pu montrer que la présence de la réalité même et son apparaître sensible ne faisaient pas alternative et rendre compte ainsi de la perception en sa double dimension de « subjectivité » et d'ouverture à une transcendance. Dire que le sentir est approche, c'est reconnaître que le phénomène demeure retenu dans la profondeur dont il émerge : le propre du monde est de s'absenter de ce qui le présente. Dès lors, si le sentir préserve la distance de ce qui paraît au lieu d'en être la négation, s'il est la condition de donation d'une profondeur ontologique, il faut cesser de définir le sentir comme un accès parmi d'autres à l'être et caractériser le sensible *comme le sens même de l'être*. L'apparaître sensible n'est plus une négation de l'être mais sa condition comme être : il est la *forme universelle de l'« il y a »*. Ainsi, en dépassant la sensation comme négation de l'objet au profit du sentir comme donation d'une transcendance, nous quittons une ontologie objectiviste au profit d'une ontologie du Sensible, qui ne voit dans celui-ci ni ce qui fait obstacle à notre connaissance de l'être, ni même un moyen d'y accéder, mais le sens d'être de ce qui est. Merleau-Ponty remarque dans une note admirable : « Le sensible est précisément ce medium où il peut y avoir l'Être sans qu'il ait à être posé : l'apparence sensible du sensible, la persuasion silencieuse du sensible est le seul moyen pour l'Être de se manifester sans devenir positivité, sans cesser d'être ambigu et transcendant »[1]. Autrement dit, l'être a besoin de paraître sur le mode sensible afin de

---

1. M. Merleau-Ponty, *Le Visible et l'invisible, op. cit.*, p. 267.

demeurer ce qu'il est, à savoir transcendant ou invisible. Encore demeurons-nous dans l'abstraction lorsque nous nous exprimons ainsi, car il n'y a, en toute rigueur, *que* le Sensible, comme ce qui ne se donne qu'à distance, demeure profond en sa superficialité même, opaque en sa clarté. Le Sensible est ce qui ne paraît qu'en reculant devant le regard, ne se montre qu'en se retirant en cette monstration même : à l'instar d'un mystère, il est caractérisé par une certaine absence au cœur de la présence. C'est la transcendance à l'état pur, qui ne renvoie pas à la position d'un transcendant accessible en droit à un autre regard.

On peut donc dire que l'être même, en sa différence avec l'étant, n'est autre que cette dimension de stupeur ou de retrait au cœur du Sensible : le Sensible lui-même en son invisibilité et non autre chose. Dès lors, ce n'est pas parce que nous le percevons que l'être devient sensible : dire cela reviendrait à le situer dans une réalité en soi et à reconduire la position corrélative d'une subjectivité souveraine. C'est plutôt parce que l'être est intrinsèquement sensible que notre perception est possible. Loin donc que le perçu renvoie à un sujet percevant comme sa condition propre, la possibilité du sujet percevant est inscrite dans le perçu comme être et notre incarnation est en quelque sorte le fait de l'être. Comme l'écrit encore Merleau-Ponty, si la perception est possible, « c'est parce *qu'il y a* l'Être, non pas l'Être en soi, identique à soi, dans la nuit, mais l'Être qui contient aussi sa négation, son *percipi* »[1]. On peut dire, à la suite de Berkeley, que *esse est percipi,* mais c'est à la condition d'entendre par là, non plus que les choses sont des perceptions, mais que le sens d'être de l'être consiste en sa perceptibilité. La perception n'est pas un certain rapport d'un sujet à l'être mais ce que l'être exige, la vie qu'il attend de nous, afin d'être.

Il va de soi que les traits d'une telle ontologie sont diamétralement opposés à ceux de l'ontologie que nous avions qualifiée d'objectiviste. Cette philosophie débouche en effet sur le refus de tout surplomb vis-à-vis du monde ; elle est l'expression d'une conscience aiguë de notre *appartenance.* Dire que l'être *est* sensible, c'est intégrer notre finitude à la définition de l'être et, par là même, c'est renoncer à la saisir comme une simple limitation. L'être ne peut être compris que du point de vue de notre rapport fini à lui, de notre condition d'êtres incarnés. Notre finitude est radicale car elle est inhérente à la profondeur même de l'être, est en quelque sorte appelée par lui. Corrélativement, le Sensible échappe au principe de raison suffisante. On pourrait même définir le perçu par son indifférence à ce principe, car « au niveau du sentir tout est sans pourquoi et, tel parce que tel, indifférent au convoi des effets et des causes, son être ainsi à chaque fois nous persuade »[2]. Le sensible est ce qui ne peut sortir du

---

1. M. Merleau-Ponty, *Le Visible et l'Invisible, op. cit.,* p. 304.
2. H. Maldiney, *Penser l'homme et la folie*, Grenoble, Millon, 1991, p. 203.

néant, ne peut avoir de néant hors de soi. L'appartenance essentielle du percevant, qui est inhérente à la forme sensible de l'être, court-circuite la question du pourquoi : l'« il y a » sensible est en deçà de toute question et précède toujours la question « pourquoi ».

Parce que, en refusant l'appartenance, elle commençait par le néant, la philosophie objective conférait à l'être la pleine positivité de l'objet : aucune fissure, aucune faiblesse ne pouvaient être trouvées en lui. Inversement, pour une philosophie qui échappe au principe de raison suffisante, l'être n'est pas pure positivité, il peut accepter le néant en son sein, précisément sous la forme de cette indétermination et de ce retrait qui caractérisent le Sensible. Le néant n'est pas avant l'objet ; il est cette distance intérieure au « quelque chose », qui l'empêche de devenir jamais objet.

CONCLUSION

Cette réflexion sur la perception nous conduit finalement à distinguer deux philosophies. L'une traite de la perception mais elle en méconnaît foncièrement le sens. Elle est philosophie de la vision : comme celle-ci, elle prend vis-à-vis du monde une distance qui lui permet de le posséder. Pour une telle pensée, le réel est tout ce qu'il peut être, il est plénitude de présence. Dès lors, le percevant s'en trouve comblé ; ne manquant de rien, il est caractérisé par l'impassibilité, il est théorie. L'autre philosophie ne se contente pas de traiter de la perception, elle se forme à son contact, elle pense selon elle. Une telle philosophie est dominée par le toucher plutôt que par la vision. Le toucher est en effet contact, indistinction, confusion avec le tangible ; mais cette proximité est en même temps distance : parce qu'il est auprès de la chose, le toucher ne peut la dominer, elle lui échappe de toute part. Telle est la situation du percevant qui, en contact avec le monde, inscrit en lui, ne peut le totaliser. Parce qu'il est insatisfaction, le percevant est toujours en mouvement, à

la fois vers le monde et vers lui-même. Une telle philosophie ne veut certes pas tout réduire à la perception mais
elle prétend néanmoins que toute activité qui la dépasse,
en particulier l'activité rationnelle, porte la marque de
cette appartenance originaire et, surtout, que la philosophie doit être la prise de conscience la plus radicale de
cette condition.

La première philosophie est une philosophie de
l'objet. Il s'agit pour elle de définir l'être en en défalquant
tout ce qui lui advient en vertu de notre rapport sensible à
lui. Cette philosophie, qui pose l'identité de l'être et de
la pensée, remonte à Parménide. La seconde est une
philosophie de l'*élément*. Elle aborde l'être à partir de
notre éprouver vital. Pour elle, la qualité sensible (le chaud
par exemple), loin d'être « subjective », se précède dans
l'être sous la forme d'une existence élémentaire (le feu).
Notre rapport sensible à l'être est intégré dans la définition
de l'être. Une telle philosophie, qui pose l'identité de l'être
et du Sensible, remonte aux philosophes d'Ionie, au
commencement.

BIBLIOGRAPHIE

ARISTOTE, *De l'âme,* trad. J. Tricot, Paris, Vrin, 1977.

BARBARAS R., *Le désir et la distance,* 2ᵉ éd., Paris, Vrin, 2006.

– *Vie et intentionnalité*, Paris, Vrin, 2003.

BERGSON H., *Matière et Mémoire,* Paris, P.U.F., 1968.

BERKELEY G., *Trois Dialogues entre Hylas et Philonous,* trad. A. Leroy, Paris, Aubier, 1970.

CHAMBON R., *Le monde comme perception et réalité,* Paris, Vrin, 1974.

CONDILLAC E., *Traité des sensations,* Paris, Fayard, 1984.

DESCARTES R., *Méditations métaphysiques,* « Bibliothèque de la Pléiade », Paris, Gallimard, 1953.

DUFRENNE M., *L'œil et l'oreille,* Paris, Jean-Michel Place, 1991.

GUENDOUZ C., *La philosophie de la sensation de Maurice Pradines. Espace et genèse de l'esprit,* Hildesheim, Zürich, New York, Olms, 2003.

GRANEL G., *Le Sens du temps et de la perception chez Husserl,* Paris, Gallimard, 1968.

GUILLAUME P., *La Psychologie de la forme,* « Champs », Paris, Flammarion, 1979.

HEIDEGGER M., *Les problèmes fondamentaux de la phénoménologie*, trad. J.-F. Courtine, Paris, Gallimard, 1985.

HUME D., *Traité de la nature humaine,* trad. A. Leroy, Paris, Aubier, 1973.

HUSSERL E., *Recherches logiques*, trad. H. Elie, A. Kelkel, R. Schérer, Paris, P.U.F., 1961.

– *Idées directrices pour une phénoménologie,* trad. P. Ricœur, Paris, Gallimard, 1950.

– *Méditations cartésiennes*, trad. G. Peiffer et E. Levinas, Paris, Vrin, 1969.

KANT E., *Critique de la raison pure,* trad. A. Renaut, Aubier, 1997.

LEIBNIZ G. W., *Discours de métaphysique* et *Correspondance avec Arnauld*, Paris, Vrin, 1988.

LOCKE J., *Essai philosophique concernant l'entendement humain,* trad. Coste, Paris, Vrin, 1972 ; *Essai sur l'entendement humain,* trad. J.-M. Vienne, édition de poche : Livres I et II, Paris, Vrin, 2001 ; Livre III et IV, Annexes, Paris, Vrin, 2006.

MALDINEY H., *Regard, Parole, Espace,* Lausanne, L'Âge d'homme, 1973.

– *Penser l'homme et la folie*, Grenoble, Millon, 1991.

MALHERBE M., *Trois essais sur le sensible*, Paris, Vrin, 1991, 1998².

MERLEAU-PONTY M., *Phénoménologie de la perception,* Paris, Gallimard, 1945.

– *Le Visible et l'invisible,* texte établi par C. Lefort, Paris, Gallimard, 1964.

– *L'œil et l'esprit*, Paris, Gallimard, 1964.

PATOCKA J., *Qu'est-ce que la phénoménologie ?,* trad. E. Abrams, Grenoble, Millon, 1988.

PRADINES M., *La Fonction perceptive*, « Médiations », Paris, Denoël-Gonthier, 1981.

SIMONDON G., *Cours sur la perception (1964-1965),* Chatou, Éditions de la Transparence, 2006.

STRAUS E., *Du Sens des sens,* trad. Thinès et Legrand, Grenoble, Millon, 1989.

VON WEIZSAECKER V., *Le Cycle de la structure,* trad. M. Foucault, Paris, Desclée de Brouwer, 1958.

TABLE DES MATIÈRES

Imprimé en France par CPI
en mars 2016

Dépôt légal : mars 2016
N° d'impression : 134163